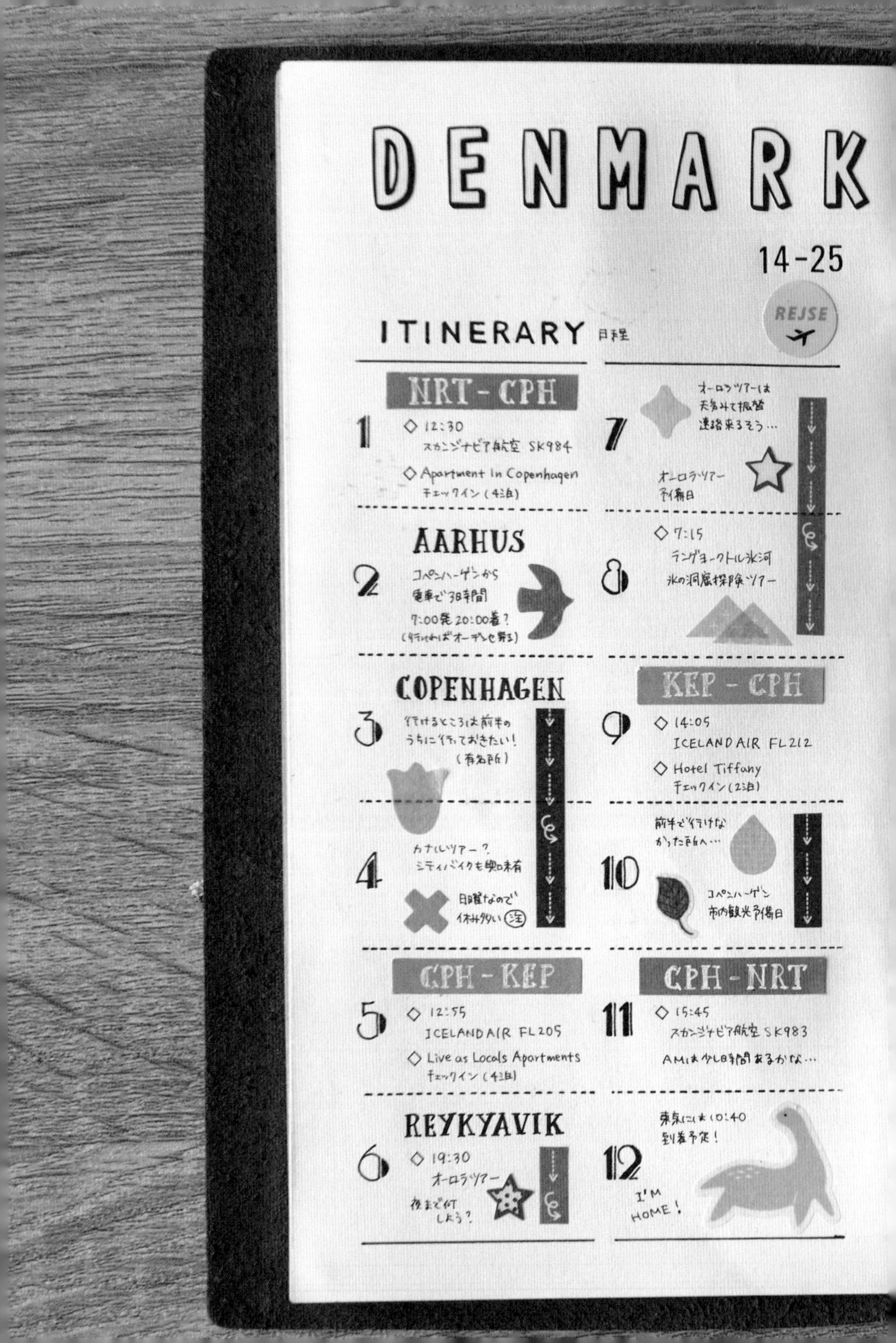

DENMARK
14-25
REJSE
ITINERARY 日程
1
NRT-CPH
◇ 12:30
スカンジナビア航空 SK984
◇ Apartment In Copenhagen
チェックイン（4泊）
2
AARHUS
コペンハーゲンから
電車で3時間
7:00発 20:00着？
（行ければオーデンセ寄る）
3
COPENHAGEN
行けるところは前半の
うちに行っておきたい！
（有名所）
4
カナルツアー？
シティバイクも興味有
日曜なので
休み多い 注
5
CPH-KEP
◇ 12:55
ICELANDAIR FL205
◇ Live as Locals Apartments
チェックイン（4泊）
6
REYKYAVIK
◇ 19:30
オーロラツアー
夜まで何
しよう？
7
オーロラツアーは
天気みて振替
連絡来るそう…
オーロラツアー
予備日
8
◇ 7:15
ラングヨークトル氷河
氷の洞窟探険ツアー
9
KEP-CPH
◇ 14:05
ICELANDAIR FL212
◇ Hotel Tiffany
チェックイン（2泊）
10
前半で行けな
かった所へ…
コペンハーゲン
市内観光予備日
11
CPH-NRT
◇ 15:45
スカンジナビア航空 SK983
AMは少し時間あるかな…
12
東京には10:40
到着予定！
I'M
HOME！

THEME
旅のテーマ

機能美＋使い手第一。温かみ。親しみ。

デザインセンスを磨く旅

スカンジナビア・デザインの魅力とは？。デザインを現実的な社会との結びつけ

また自分宛の手紙をおくろう♪

2019 MARCH

PLANLÆGNINGSTID

グリーンランド
（デンマーク領）

TRICO TIME

ICELAND
アイスランド

レイキャヴィーク

大西洋

SMILE & HAPPY
GO

DENMARK
デンマーク
北海

コペンハーゲン

MAP 旅程図

TO DO したいこと

EAT

- ☐ チーズ
- ☐ ビール
- ☐ ライ麦パン
- ☐ シナモンロール
- ☐ skyr
- ☐ キャロットケーキ
- ☐ スモーブロー
- ☐ ラム肉
- ☐ ホットドッグ
- ☐ ニシンの酢漬け＆フライ
- ☐ ヒラメのフライ
- ☐ フライドポーク

BUY

- ☐ Irma グッズ
- ☐ ライ麦パン
- ☐ シナモンロール
- ☐ 北欧系 musicのCD
- ☐ おしゃれなファブリック
- ☐ 雑貨・文具（HAY. normann）

GO

- ☐ ニューハウン
- ☐ ルイジアナ美術館
- ☐ クリスチャニア
- ☐ ストロイエ通り
- ☐ 王立劇場 プレイハウス
- ☐ 王立図書館（ブラック・ダイヤモンド）
- ☐ ラディソンコレクションホテル ロイヤル
- ☐ 国立銀行
- ☐ オペラ新庁舎
- ☐ オーデンセの街並
- ☐ グルントヴィークス教会
- ☐ アブサロン教会
- ☐ スーパーキーレン
- ☐ コペンハーゲン中央図書館
- ☐ トーヴハーレン
- ☐ デザインセンター
- ☐ ラングヨークトル氷河
- ☐ オーロラ
- ☐ 現地のカフェ

MUSK
HYGGE

ICELAND

旅は自由で楽しい、とびっきりの贅沢時間。でも束の間で終わってしまう。

だからこそ、何らかの形で記録に残しておきたいと思う方も多いのではないでしょうか。

旅先のお土産を部屋に飾る、こだわりの写真をアルバムにする、イメージを頭の中に焼き付ける…様々な記録法がありますが、スマホやSNSの普及で、誰もが手軽に思い出を残し、共有できる時代になりました。

それにも関わらず、わたしが「（わざわざ手間をかけてでも）トラベルノートをつくりたい！」と思う理由…それはきっとノートになら、写真にはなかなか映り込まない"旅のディテールや自分の心が強く動いた瞬間"を残せると感じているからなのだと思います。

屋台で軽食を買う時に漂ってきた美味しそうな匂い、大自然の中で肌に触れた巨大な滝の水しぶき、初めて訪れた国でホテルまで無事辿りつけるか緊張していたバスの中のこと、更には買うか迷って結局買わなかったお土産のことなど…。

それら旅のディテールや瞬間が記されたトラベルノートは、わたしが旅をしてきたという「証」であり、その時の自分が生き生きと映り込んでいます。そして見返すたびに記憶を鮮明に蘇らせ、旅している気分を何度でも味わせてくれるのです。

この本には、そんなトラベルノートの魅力、そして自由に楽しくつくるためのアイデアをたくさんつめこんでみました。
ひとりでも多くの方に「わたしらしく旅を残す」楽しみが伝わりますように。

ノートは「旅のシーン」に合わせて使いましょう

トラベルノートには「旅をしながら書き留める」ものから
「旅先での記憶を元に書く」ものまで、シーンに併せて様々なまとめ方があります。
どの段階からでも、どのページからでも、自分が書きたいものを選んでチャレンジ
してみてください。

旅まえノート

旅あとノート

旅まえノートと旅あとノートは、地図や写真、チケットがゆったり貼れる大きめのノートを使いましょう！

旅なかノート

旅なかノートは持ち運びしやすい小さめノートがオススメ！

旅まえノート

出発前につくる旅のプランや旅先の情報をまとめたもの。「旅のしおり」とも呼ばれる。調べものや計画したことを改めてノートにすると旅先での行動がよりイメージでき、ワクワク気分が高まります。

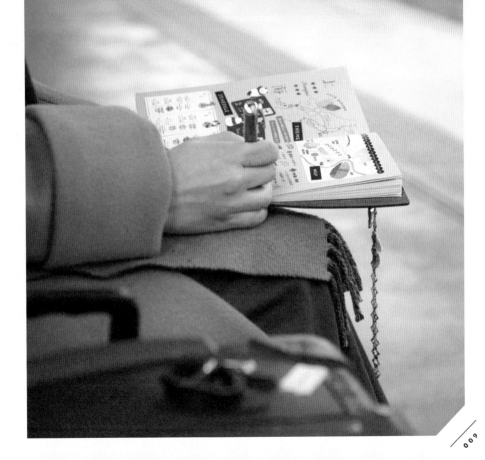

During Travel

2

旅なかノート

旅の間の出来事や感じたことなどを書き
留めたもの。特に、その瞬間のリアルな
気持ちやディテールは忘れてしまう前に
メモ。旅での体験がより豊かになります!

旅あとノート

After Travel

3

帰宅後につくる旅先での行動や思い出をまとめたもの。文字だけでなく、写真やイラスト、現地で集めた物など、自由な発想で旅先の雰囲気を閉じ込めて、いつでも見返したくなる1冊をつくりましょう！

目指すは「見やすく、わかりやすく、魅力的」なトラベルノート。
本のように見返したくなる1冊にする為、
押さえておくべき5つのポイントをご紹介します。

その日の思い出を一目で見渡せるよう
"見開き1ページ"でまとめる

一目見て中身がわかるページになるよう、基本は「見開き1ペ
ージ」で区切ってまとめるようにしましょう。内容が多すぎて
見開きに書ききれない場合は、別紙に書いて貼りつけるなど、
できるだけページをまたがない工夫を心がけます。

ページのまとめ方に
"ルール"を設ける

インテリア収納を考える時と同じように、文字やイラスト、写
真といった多くの旅情報を限られたスペースに収める為には、
「目立たせたい物は左上に置く」「大きい物から順番にレイアウ
トする」というような整理やレイアウトのルールを設けること
がとても大切です。

時間と空間の"流れ"を
見える化する

Point 3

旅行記にはストーリーがあるので、読む人をドラマチックでワクワクした気分にさせてくれます。同じように、トラベルノートにも自分の足取りの「流れ」を記す部分をつくりましょう。情報を断片的に並べるのではなく、流れをつくりながら整理し、思い出同士を1つの物語として結びつけることを意識しています。

写真・イラスト・文字を
内容に合わせて使い分ける

Point 4

風景など全体の雰囲気を捉えたい時は写真、個体の特徴を見せたい時はイラスト、耳にした音や口にした物の味や食感などビジュアルで表せない物は文字で…など、自分が表現したい内容に合わせ、最も効果的に見せることのできる手法を選びましょう。絵心の有無より、残したい内容を明確にすることが大切です。

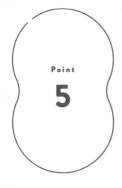

1冊を通して色やレイアウトに
統一感を持たせる

Point 5

アナログのノートは3次元の立体物。ページ単体はもちろん、それをパラパラとめくった時の「1冊」としてのまとまりをつくることも大切です。日付欄や行動ログなど同じテーマの内容が複数ページにわたる時は、色やレイアウトの統一感を持たせ、その内容が"前から続いている"ことが伝わるようなあしらいをつけるようにしましょう。

わたしがノートづくりに使用している道具をご紹介します。
自分が使いやすい＆好きになれる筆記具やノートを選ぶと、つくる作業がどんどん楽しくなります。

① 下敷き　② 消しゴム

③ スティックのり　④ 木工用ボンド

⑤ テープのり　⑥ 修正液

⑦ カッター・カッターマット

⑧ 金定規（大・小）

⑨ はさみ　⑩ コンパス

⑪ 図形テンプレート付プラスチック定規
（チェック欄の□マークなどをきれいに並べて
描くのに◎、もちろん定規としても！）

⑫ 雲形定規
（なめらかな曲線を描くのに便利）

⑬ マスキングテープ

⑭ マスキングテープカッター
（切り口が少しギザギザになるところが◎）

⑮ 色画用紙・和紙など

⑯ シール　⑰ スタンプ

⑱ 色鉛筆　（イラストなど全体の着色用）

⑲ 色ペン
（食器模様などの細部、アクセント部分の着色用）

⑳ 2mm芯ホルダー、シャープペンシル
（ガイドラインやイラストの下書きに使用）

㉑ 黒ペン×3
（uni STYLE FIT 0.28mmは細かいコメント文字
用、FABER-CASTELL ピットアーティストペ
ン XS,S はイラスト用）

㉒ グレーペン×2
（ZEBRA 紙用マッキー極細はイラスト用、
FABER-CASTELL ピットアーティストペン B
は地図で太い道路などを書く時に使用）

㉓ 白ペン
（PILOT Juice up0.4mm、黒い紙などに使用）

㉔ 金・銀ペン
（ZEBRA SARASA1.0mm、黒い紙に使ってイル
ミネーションにしたり、キラキラ星マークを
描いてシールの飾りにしたり♪）

㉕ デザインフィル トラベラーズノート
リフィルレギュラーサイズクラフト紙
（ざっくりとした紙の風合いが大好き！一緒
に過ごすほど愛着が湧いてくる愛するノート
です♡）

もくじ　　　Contents

Chapter 1

出発前につくる
旅まえノート

Before Travel
notebook

旅のワクワクは
出発前からはじまっています。
情報収集はスマホで大丈夫！
という方も、
新たな旅のお供に
"旅まえノート"を作ってみませんか。

旅まえノートをつくろう　　　Beginning

出発前の準備段階でつくる旅の予定を記したページ。
旅行会社のツアーなどで配られる
日程表にはない、
自分らしいトピックづくりにこだわって、
旅を自分流にカスタマイズ！

⟹ p29

行き先・旅のテーマ

行き先をタイトル風に記したり、自
分なりのテーマを具体的に決めれ
ば、いつもとは少し違った旅のはじ
まりに。毎回似たような旅でマンネ
リ化を感じる時にも◎。

交通手段・宿泊先

移動や宿泊に伴う情報は重要項目。
乗り遅れなどないよう再確認する為
にも、しっかりと記入して。

⟹ p26

旅程

旅の行程を改めてノートに書き出し
ておくことで、現地での行動などを、
より頭の中でイメージしやすくなり
ます。

⇒ p28

エリアMAP

地図を載せると、旅先により親近感が持てるはず。ガイドブックの地図を縮小コピーしてもいいけれど、あえて手描きに挑戦すれば、より愛着が生まれます。

⇒ p27

TODO

TODO リストはアクションの引き金。やりたいことを明確にすることで、自分の好みの傾向がわかり、旅のプランニングも効率よく進められます。

プランニングシートで情報整理

ノートを書き始める前に、プランニングシートに旅の計画をまとめます。
トピックごとに情報整理ができるシートをご用意しました。
ノートに清書する為の下書き用でも、しっかり書き込んでそのまま切り
貼りしてもOK。自由に使ってみてください。

p126の
QRコードから
ダウンロード!

mini_minor's

TRAVEL PLANNING SHEET

旅の計画をしよう♪

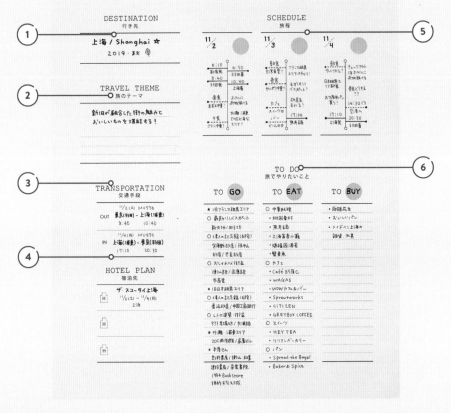

◉ シートの書き方

1 行き先

国名や都市名、地名など訪問予定の場所を記しましょう。年月や季節などを併せて書いてもその旅らしさが出ます。

2 旅のテーマ

旅において自分が最も楽しみにしていること、興味があることなどを、できるだけ短いフレーズで記しましょう。長文になりそうな場合は、タイトルと説明文などに分けて書いても**OK**。

3 交通手段

飛行機や新幹線などメインとなる移動手段を記しましょう。発着場所や時刻はもちろん、便名なども記してみてください。

4 宿泊先

ホテルや旅館の名称、宿泊日数などを記しましょう。必要であれば、住所やアクセス方法なども適宜追記してみましょう。

5 旅程

各日の大まかな予定を記しましょう。送迎や食事の有無、オプショナルツアーなどの情報もあれば追記して。

⇒ p26

6 TODO

行きたい場所、食べたい物など、ガイドブックやネットで情報収集しながら、思いつく限り書き出しましょう。あまり深く考えすぎないのがコツ。

⇒ p27

⟹ レイアウトの決め方

レイアウトとは、簡単に言うと要素の「配置」のこと。
つまり、シートで整理した各トピックを、ページのどこに書くかを決めること。
ひとつひとつの要素が収まる「場所」をページの中に作るイメージで考えます。
おおよその場所が決まったら鉛筆でガイドラインを引いておきましょう。

視線の流れを考え、ページ左上に「行き先・旅のテーマ」を配置すると、目に入りやすくなります。

各トピックの場所を考える際、どのくらいのスペース（広さ）があればいいのか見当をつける為に、シートを切り出して仮配置してみるのがおすすめ。

11/2 (土) MU576
OUT 東京(羽田) − 上海(浦東)
8:40   10:40

11/4 (月) MU575
IN 上海(浦東) − 東京(羽田)
17:10   20:30

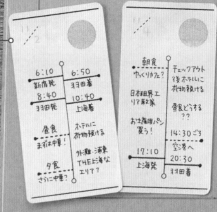

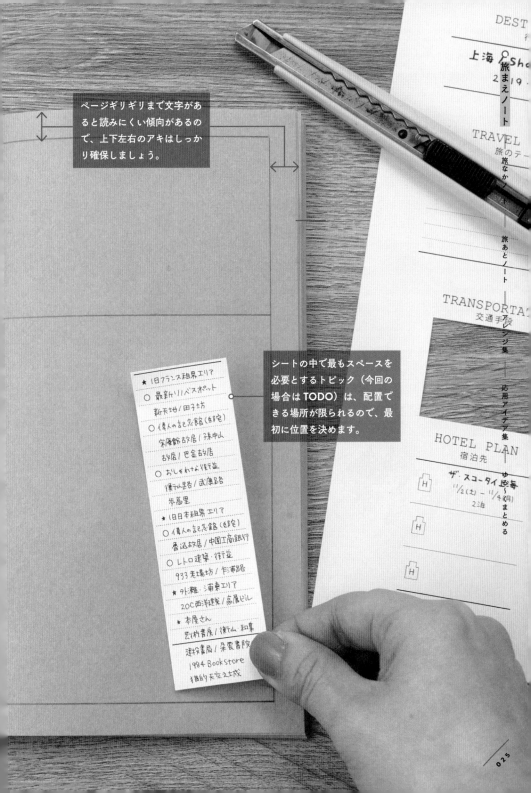

ページギリギリまで文字があると読みにくい傾向があるので、上下左右のアキはしっかり確保しましょう。

シートの中で最もスペースを必要とするトピック（今回の場合は TODO）は、配置できる場所が限られるので、最初に位置を決めます。

★ 1日フランス租界エリア
○ 最新リバイスポット
　新天地 / 田子坊
○ 偉人の記念館（邸宅）
　宋慶齢故居 / 孫中山
　故居 / 巴金故居
○ おしゃれな街並
　復興公園 / 武康路
　歩高里
★ 1日日本租界エリア
○ 偉人の記念館（邸宅）
　魯迅故居 / 中国工商銀行
○ レトロ建築・街並
　933 老場坊 / 乍浦路
★ 外難：浦東エリア
　20C西洋建築 / 高層ビル
★ 本屋さん
　芸術書房 / 復山 和集
　建投書局 / 朵雲書院
　1984 Bookstore
　猫的天空之城

DEST
上海 Sha
2 19.
旅まえノート
TRAVEL
旅のテー

旅のなか

旅あとノート

TRANSPORTA
交通手段
ジ集
応用アイデア集

HOTEL PLAN
宿泊先
ザ・スコータイ
11/2(土) - 11/4(月)
2泊
ゆき帰
まとめる

旅程の書き方

省スペースでわかりやすくまとめるため、書き方のポイントをご紹介します。
今回は書き込んだ後に、シートをそのまま切り貼りしてページをつくりますが、
自分なりのデザインで書き直してもOKです。

before

1 左上の斜線部分には日付を記入します。

2 右上の●部分には旅行の何日目かを記入。今回はのちほど数字シールを使うので、空欄にしています。

SCHEDULE
旅程

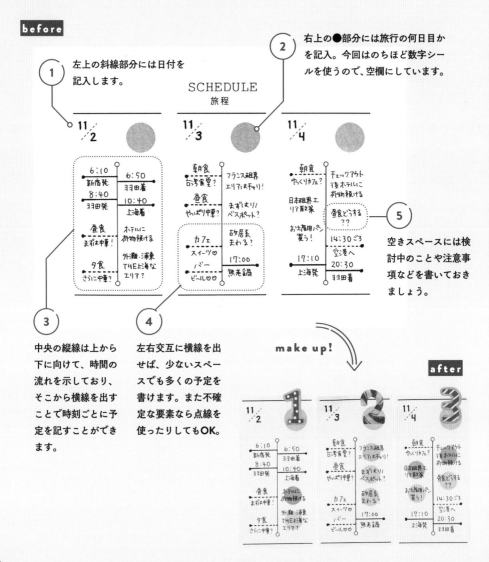

5 空きスペースには検討中のことや注意事項などを書いておきましょう。

3 中央の縦線は上から下に向けて、時間の流れを示しており、そこから横線を出すことで時刻ごとに予定を記すことができます。

4 左右交互に横線を出せば、少ないスペースでも多くの予定を書けます。また不確定な要素なら点線を使ったりしてもOK。

make up!

after

➡️ TODOの書き方

基本はやりたいことを箇条書きにするだけのリスト形式なので、
シートを元に直接ページに手書きします。
手書きすることによって、ワクワク楽しみな気持ちまでページの中に閉じ込める
ことができるのでチャレンジしてみてください。

before

TO DO
旅でやりたいこと

TO GO

- ★ 旧フランス租界エリア
- ○ 最新リノベスポット
  - 新天地/田子坊
- ○ 偉人の記念館 (旧宅)
  - 宋庆龄故居/孫中山
  - 故居/巴金故居
- ○ おしゃれな街並
  - 復兴路/武康路
  - 余屋里
- ★ 旧日本租界エリア
- ○ 偉人の記念館 (旧宅)
  - 鲁迅故居/中国工商银行
- ○ レトロ建築/街並
  - 933 老場坊/乍浦路
- ★ 外灘·浦東エリア
  - 20C前半の西洋建築群/高層ビル
- ★ 本屋さん
  - 朵雲書院/芸術書房/衡山·和菓
  - 建投書局/1984 Bookstore
  - 猫的天空之城

TO EAT

- ○ 中華料理
- ・桃園春村
- ・無名鍋
- ・上海富春小籠
- ・瑞福園酒家
- ・蟹黄魚
- ○ カフェ
- ・Café 85度C
- ・WAGAS
- ・WOW カフェ&バー
- ・Sproutworks
- ・CITIZEN
- ・GREYBOX COFFEE
- ○ スイーツ
- ・HEY TEA
- ・リリアンベーカリー
- ○ パン
- ・Spread the Bagel
- ・Baker & Spice

TO BUY

- ・麻辣花生
- ・おいしいパン
- ・メイドイン上海の
  雑貨 大臭

make up! ➡️

Sheet

まずは「行きたい」「食べたい」「買いたい」の3つがあればOK。その他にもやってみたいことがあれば、自由に●部分に記入しましょう。

after

Note

すべて記入できたら、それらを見直し、エリアや料理の種類などでグルーピングしてから書き込むと、よりわかりやすいリストになります。

⇒ エリアMAPの描き方

今回はガイドブックと和紙を使ったかんたんなエリアMAPの描き方をご紹介します。

厳密な地図でなくても、カラフルなペンやシールなどを使えば、素敵な手作り地図をつくることができます。

ガイドブックなどにある街全体の地図を、ページ内に収まる大きさに縮小コピー。その上に和紙を重ねる。

街の骨格となる要素（鉄道や幹線道路、山や河川など）からなぞり始める。上海は地下鉄も重要な要素になるので点線で記入。

マステやシール、色鉛筆などを用いて、訪問予定のエリアを表現し、それぞれの名称を文字で書き込む。

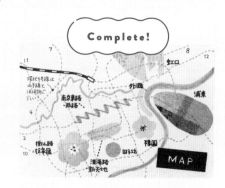

和紙とデコ文具の透け感がうまく重なり、簡単でかわいらしい地図が完成！

行き先・旅のテーマの書き方＆仕上げ

行き先や旅のテーマは全体のバランスを見ながら
最後にデコレーションと一緒に書いていきます。
お気に入りのペンやとっておきのシールを使って
自由に仕上げをしましょう。

Point

行き先の地名は、旅先で見つけた
お気に入りのロゴなどを真似して
書いてもOK。手書きで書くこと
で、自分らしくオリジナリティあ
るページになります。

Point

エリアMAPだけでなく、国全体の
地図も載せると、より旅感がUP。
ネットでダウンロードできるフリ
ーの白地図を使用してもOK。

「上海らしさ」を醸し出すパン
ダ柄のシールをページにオ
ン！

旅行の何日目かを記す部分に
はカラフルな数字シールを使
って、ページをぐっと華やか
に。

TODO部分の各項目は、文
字だけでなくイラストやシー
ルなどを使うと、見た目のわ
かりやすさもかわいさも
UP！

持ち物を決めたり、
旅先について下調べをすることも、
旅の準備のひと時。
スマホのメモ帳や
ブックマーク機能は手軽だけど、
一度消去してしまうと、
せっかくの作業が何も残らない…
少し寂しいですね。
でもノートになら、作業の時間や過程、
そしてその時の自分の姿まで
残すことができる！
あれこれ考えた準備時間も
思い出の1ページになります。

持ち物リスト

ガイドブックの持ち物リストなどを
参考に書き出したり、貴重品や電子
機器、洗面道具といったカテゴリー
ごとにまとめても OK です。

TODO マステを使って、チェック
欄をまっすぐ美しく仕上げればテン
ションも上がります。

深堀り情報コーナー

訪問予定の観光地各所の詳細を記しています。

深掘り情報 ★

- エリアによって多種多様な顔をもつ中国最大の国際都市。歴史は700年と浅めで日本を含むほか国租界の租界をもとにして繁盛。
- 1つの都市でありながら、本来さまざな国の情報を味わえる不思議な都市。
- 租界地としての古さと近年の経済発展による新しさが渾然一体となって並立している特異な街並。
- エネルギッシュな消費経済、人口も多く、多くの外資系企業の東アジア拠点拠点としての機能をもつ。

「租界」は上海観光の中心

- 1843年、アヘン戦争で敗れた清にイギリスは不平等な南京条約で上海に事実上の植民地を作る。その後、米や仏も参入、各国で租界を維持していくのは本当に割と初から困難だったため英米は共同租界に。よって上海には英同租界でフランス租界の2つがある。(日本は英同租界に所属)
- 2度に渡る拡大を経て、外灘〜徐家匯まで広大な租界ができる。

外同租界(日本)
黄浦江
原共租界
英同租界(英米)
上海城
フランス租界

- 1920〜30年代は租界黄金期。1940年代初頭には日本人も10万人超が住んでいたそう。その頃の欧風建築が今の外灘の繁栄としてのまま残っている。
- 1945年の第2次世界大戦によりほ租界の歴史は終焉を迎えた。

各エリアの特徴

- 黄浦江エリアを挟み大きく2つのエリア(東側に「浦東、西側に「浦西)に分けられる。
- 浦東はまさに近未来都市。1990年代後半から開発がスタートし、最が今最もカを入

れている地区。個性豊かな高層ビルがたくさん。上海きってのビジネス街。
- 外灘(バンド)の麗しき歴史建築。租界の時代に「便乗」と称された大小難な美なりが色濃く残っている。21Cに入り、リノベーションも進められた外灘沿いの過去の遺産、対岸の浦東の未来世界、この2つの対極的な景色も見もの。
- 上海のシャンゼリゼ「淮海中路」市内を東西に走るオシャレの流行発信基地。新天地の付近通は「東方のパリ」と呼ばれた20C初頭、フランス租界の名残の雰囲気が感じられる。
- ハイソな旧フランス租界地「複興西路」(旧フランス租界は本)かなり広範囲らしい。「複興西路」は、フランス租界の南西側に位置し往時にはドイツの領事館や上海を代表指揮者の住居があり、優雅な街並みさに包まれている。プラタナスの街路樹の下でフレンチロマンを感じられるエリア。

お役立ち情報コーナー

通貨や治安などの現地情報を記しています。

お役立ち情報 ★

- レート… 1元＝約16円
- 交通手段は主に地下鉄かタクシーが便利り。
- 治安はおおむね安全。交通マナーはあまり良くないので要注意。
- 公衆WCはポケットティッシュ必須!紙は流さず、ゴミ箱へ。便座は和式に慣むよっこっちているので注意。WCは清潔とは言えない。WC利用は高級ホテルがオススメらしい。

調べ物コーナー

旅先について調べたことを書き写して、自分だけの情報コーナーを作ってみましょう。まずはガイドブックなどから基礎知識を。そこから自分が大切だと思ったことや興味のある情報をまとめましょう。自分が書きやすいテーマで書けば OK です。

基の歴知識 ★

- 面積 …… 約6,300 km²
  東京の約3倍、栃木・群馬・大分と同等
- 人口 …… 約2,400万人(2017)
  東京は1,300万人
- 人口密度 …… 約2,930人/km²
  東京は5,960人/km²
- 言語 …… 基本は普通話
  上海人同士なら上海語、東京は通じないこともある。
- 北京市、天津市、重慶市と同じく省に属しない中央政府の直轄市。
- 在住日本人は約9万8千人(ロスに続き2位)
- 主な産業は第3次(サービス)産業

基礎知識コーナー

地理や歴史、産業などのお勉強情報も記しています。

BOUT SHANGHAI

憧れの人

トラベルノートを本格的に始めて早7年。

最近でこそ、多くの方から「よく続くねえ」「ホントマメだねえ」と言われることが増えましたが、元々筆まめだったわけではなく、むしろ学生時代は、普段のスケジュール手帳さえも続かないタイプでした。

そんなわたしが、コツコツとノートを続けられるようになったのは、一人の女性と彼女の本に出会えたことが大きいと感じています。

その女性は、田村セツコさんという現在80代の現役イラストレーターの方。

そして彼女の『カワイイおばあさんの「ひらめきノート」』という著書です。

本にはセツコさんのノートや手書きに関するアイデアだけでなく、人生に対する前向きな姿勢や生きる上で大切にしている考え方なども書かれていて、ちょうど仕事のことですごく悩んでいたわたしにとっては、本当に救われる思いでした。

そして読み終えた後は"わたしもセツコさんのようにノートと友だちになって、ワクワクの見つけ上手になりたい！ノートと共に自分の手で、素敵な人生を作っていきたい!!"と強く思ったのでした。

それからはいつでもどこでもノートと一緒の生活がスタート。

初めは書くという行為に慣れず、ただ持ち歩いているだけの日も多かったのですが、次第にふと思い浮かんだアイデアや、日々の小さな発見を記す習慣がつくようになりました。

そんな生活を続けるうちに「日常の中にあるちょっと素敵な出来事もトラベルノートにできるかな」という考えが芽生えはじめ、生活や暮らしの中にある小さなワクワクをしっかりと掴んでページに残していく＝「日々のトラベルノート」を記す時間も大切にするようになりました。

遠い異国への旅行だけじゃなく、日常の中にだって旅を感じられる瞬間があり、その傍らにいつもノートがある喜びを教えてくださったセツコさん。いつまでもわたしの憧れの女性です。

初期のトラベルノート

はじめは文字メインの日記帳スタイルだったので、あまりフォトジェニックではないです。

イラストもまだまだ下手っぴでつたない感じ。

ショップカードや包装のリボン、コインロッカーのレシートなどを貼って、何か残そうとしています。

でも「この旅をなんとかして自分なりに形にしたい」という強い想いは表れているかな…。

Chapter 2

旅をしながらつくる
旅なかノート

During Travel
notebook

旅行中は"旅なかノート"に
旅先でのインスピレーションや
キラキラした瞬間などをたくさん集めて
言葉で記していきましょう。
もちろん旅その物を
楽しむことを大切に。

旅なかノートはいつどこでつくるの？

旅なかノートはさっとメモするファーストメモと
じっくり書き込むセカンドメモの2種類があります。
いざ旅が始まると、意外に時間や気持ちの余裕がなかったり、
メモしようと意識していても、つい忘れてしまったり…。
ノートをさっと取り出して、自然にメモできる習慣をつけることが究極の目標ですが、
まずは「自分が置かれた状況や環境に合わせて」メモすることを意識してみましょう。

Situation

○ レストランや屋台などでの食事中

○ 美術館などの鑑賞空間

○ 駅での待ち時間など

○ テーブルの端っこやひざの上、立ったままなど若干不安定な姿勢

○ 時間的余裕があまりない時

1st memo
ファーストメモ

─ **Situation** ─

○ 飛行機や新幹線などの移動時間

○ ホテルの部屋やカフェなど

○ 基本はゆったりと座った姿勢

○ ある程度まとまった時間を取れる時

2nd memo
セカンドメモ

─ **About tools** ─

メモしやすい状態を整える為に、筆記具などにもこだわってみましょう。
わたしが愛用しているのはこの2つです。

無印良品の
再生紙
パスポート
メモ

かなり手頃な価格な
のに、表紙も厚めで
しっかり。遠慮なく
ページをガシガシ使
えるのが◎。

uni STYLE FITの
3色
ボールペン

3色のインクを使い
分けでき、ボディも
金属で丈夫。クリッ
プ付きで、ノートに
引っ掛けて持ち運び
できる所も◎。

メモと併せて紙モノの持ち帰
りも忘れずに。わたしはクリ
アファイル＋ファスナー付き
ケースで、シワ＆バラバラに
ならない工夫をしています。
ラベルなどを貼る為のシール
台紙もあると便利です。

1st memo

基本は文字中心で殴り書き。その場で・とりあえず・書ける分だけ記しましょう。
ただし、どこに何が書いてあるか、後から全くわからないようでは、
メモを取った意味がありません。
旅あとノートをつくる際に見返すことも意識して、
簡単な"ルール"を設けておくことをおすすめします。

Rule 2

後から感じたことを書き加えることができるように、余白を多く設けておきましょう。後から情報を書き加えることで、体験に深みが出てきます。文章にする必要はなく、キーワードやワンフレーズでOK。短ければ短いほど良し！

2019. 11. 2 (SAT)

4:15　起床

5:38　丸の内で新宿へ

6:10　バスタ発 → 羽田へ

7:10　羽田着

8:10　機内搭乗
　　　　は 窓際で写真 ギリリ UP

10:00　機内食

11:30　上海着
　　　マグレブで市内へ　　→ 友阳路
　　　地下鉄 ←　2号線　南京西路

12:30　ホテルチェックイン

TAX I ↓

13:30　うどモ @ 富春小籠

さすが3連休！
こんでる。WCも
バスJととなりになれず

東方航空カウンター 1番はじ
　ここも大行列. 日本の苦客 けっこう いる
電子マネー交換できず

機内入口に日経新聞あり
座席 布張り・ツィード 両
モニターあり・雑誌もキレイ

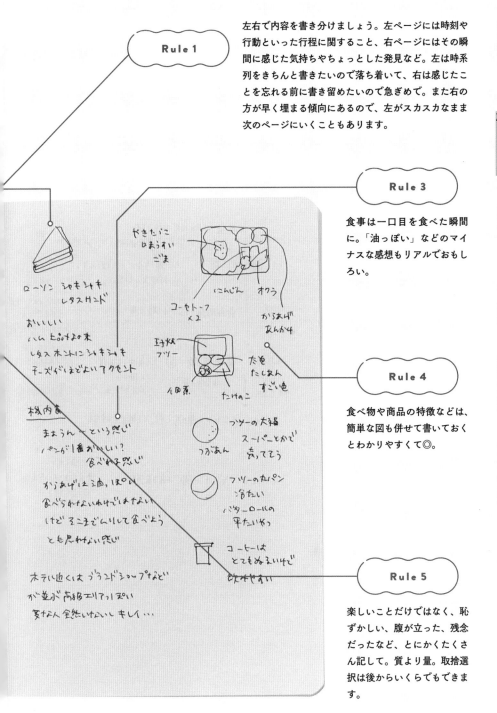

Rule 1

左右で内容を書き分けましょう。左ページには時刻や行動といった行程に関すること、右ページにはその瞬間に感じた気持ちやちょっとした発見など。左は時系列をきちんと書きたいので落ち着いて、右は感じたことを忘れる前に書き留めたいので急ぎめで。また右の方が早く埋まる傾向にあるので、左がスカスカなまま次のページにいくこともあります。

Rule 3

食事は一口目を食べた瞬間に。「油っぽい」などのマイナスな感想もリアルでおもしろい。

Rule 4

食べ物や商品の特徴などは、簡単な図も併せて書いておくとわかりやすくて◎。

Rule 5

楽しいことだけではなく、恥ずかしい、腹が立った、残念だったなど、とにかくたくさん記して。質より量。取捨選択は後からいくらでもできます。

2nd memo

その場で手短に記したファーストメモに対して、
少し時間を置くことで出る新たな気付きや思いも、大切な自分の声。
それらも忘れずに記しておきましょう。

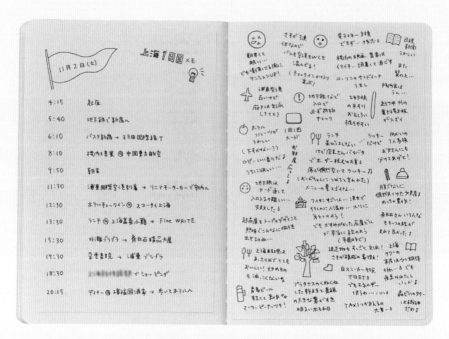

Point 時間に余裕のある時は、即席「旅あとノート的メモ」をつく
ることも。左ページのように旅の最中に行程を整理しておく
と、帰宅後のノートづくりがとてもスムーズになります。

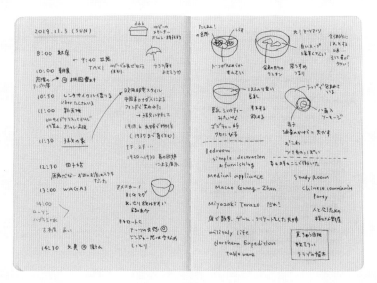

Point ファーストメモの余白に、青や赤のペンでコメント書き。その場では見逃していたことと、翌日思い返して改めて気付いたことなどを中心に書きます。

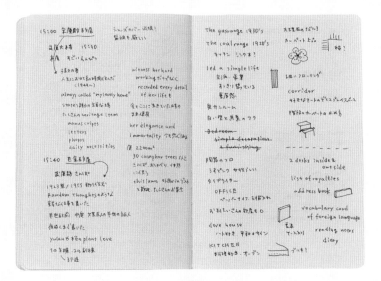

Point 撮影禁止の美術館や博物館などでは、パンフレットには書いていない展示物の説明文や内部の様子などを忘れないうちにメモしておきます。

メモのバリエーション　　　　Various memo

①はファーストメモ、②〜④はセカンドメモ。
自分で言ったことをあえてメモする、
耳にしたことを文字にするという作業に慣れてくると、メモもスムーズになるはず。
面倒よりもノートを傍らに旅する自分に酔えたら、もう一人前です！

海外の展覧会にて。どうしても意味を知りたかった英語の解説文があり、後から訳せるよう、大事そうな部分を書き取り。文字数が多くて、写すのがけっこう大変でした…。

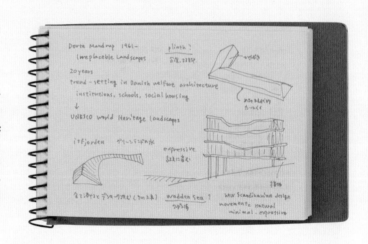

窓から雄大な景色を見ながら、おいしいスイーツをほおばったカフェの時間。山とケーキ、大好きな物を交互に眺めながら時を過ごせる幸せ。

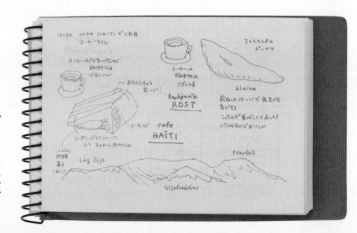

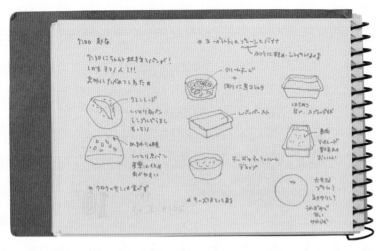

variation
3

ホテルの朝ごはんの様子。焼きたてパンにつけるジャムやペーストの種類がいっぱいあって、すごく嬉しかったです！ 我が家にもこれくらいあったらいいなあ（食べきれないだろうけど）。

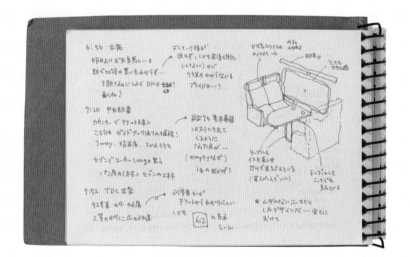

variation
4

長距離列車の車内にて。シートの座り心地や、テーブルのデザインがとても機能的で、とにかく快適でした。でも列車の揺れで線がガタガタ。それも今では良い思い出。

Chapter 3

帰宅後につくる
旅あとノート

After Travel
notebook

集めた物を貼ったり、
感じたことを書いたり、
"旅あとノート"を作っている時間は
旅先の記憶を辿りながら、
もう一度旅をしている気分に
浸ることができます。

旅あとノートをつくろう

2泊3日であれば、基本は見開き1ページに1日、計3ページの構成になります。
観光地はあまり巡らず、リゾートや温泉でのんびりするような旅であれば、
全部を見開き1ページに詰め込んでもOK。

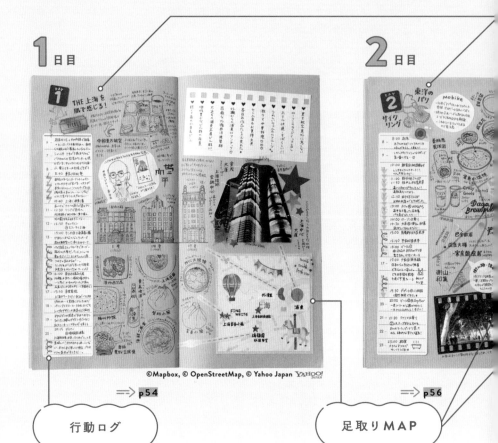

©Mapbox, © OpenStreetMap, © Yahoo Japan YAHOO! JAPAN

⇒ p54

⇒ p56

行動ログ

その日1日の出来事は、日記のよ
うに文章で書くのではなく、スケ
ジュール風にまとめれば、大小
様々な思い出が一目で見れて、省
スペース化にもなります。

足取りMAP

自分なりの思い出やエピソードを
記入することで、観光マップには
ない、価値ある情報満載のガイド
マップができあがります。

⇒ p58

今日はどんな日フレーズ

その日がどんな1日だったか、記憶のタグとなるフレーズをつくっておけば、思い出の検索もよりスムーズに。

⇒ p58、p59

ズームイン情報

文字、イラスト、写真で、旅の中で特に印象的だった体験を、より深く、細かく、ていねいに掘り下げれば、新しい自分だけの気づきを得ることができます。

⇒ p55

ときめきボード

その日にあった素敵な出来事を、拾い集めて並べてみれば、どれだけ旅が楽しかったかが一目でわかり、充実感も UP。

材料集め→ログ起こし

出発前と同様、シートで情報整理を行いますが、
旅あとノートの情報量は旅まえノートに比べて、とても膨大。
そこで、まずはかんたんなログを起こしながら、
集めてきた資料の中身を確認したり、追加資料を用意するところからスタートしましょう。

◉ 旅あとノートづくりの材料

旅なかノート

レシート

カメラロール

前章でも紹介した旅メモは、芸人さんで言うネタ帳のような存在。これを元に旅あとノートを作っていきます。旅から戻ってすぐ作業できない場合も濃密なメモがあれば、旅の感触を驚くほど鮮明に思い出せます。

普段は捨てている、初めから貰わないという方も、ノートづくりの為には必ずゲット＆絶対に捨てないで。店名や支払金額以外にも、訪問時刻や個々の商品名、レシートには多くの情報が残されています。メモし忘れた内容を確認できる場合も。

写真データとしてはもちろん、日付と時刻が明確に残っているので、行動ログ作成にとても役立ちます。メモが追い付かない場合のメモ代わりとしても、どんどん撮影しましょう。

簡易ログ

簡易ログは、別の紙（もしくは旅あとノートとは別のノート）に書き出します。左ページの３つの材料を元に、自分の行動内容とその時の時刻を確認し、時系列で書き並べていきましょう。

簡易MAP

現地で貰える観光マップやスマホのアプリなど、旅したエリア全体が網羅されている地図を用意したら、蛍光ペンなどで自分の行動ルートと訪問スポットをマーキングします。コツはスタートとゴールを決めてなぞること。後述する足取りMAPづくりの材料にもなります。

©Mapbox, © OpenStreetMap, © Yahoo Japan **YAHOO! JAPAN**

サマリーシートで情報整理

旅あとノートをまとめる際にはサマリーシートを使いましょう。
テンプレートは**p127**からダウンロードできます。
p22のプランニングシート同様、下書き用に使っても、
たくさん書き込んでそのまま切り貼りしても**OK**。

p127の
QRコードから
ダウンロード!

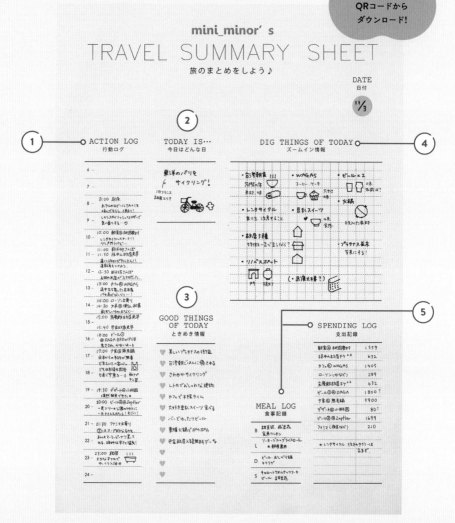

mini_minor's
TRAVEL SUMMARY SHEET
旅のまとめをしよう♪

DATE
日付
11/3

① ACTION LOG
行動ログ

② TODAY IS…
今日はどんな日

③ GOOD THINGS OF TODAY
ときめき情報

④ DIG THINGS OF TODAY
ズームイン情報

⑤ SPENDING LOG
支出記録

MEAL LOG
食事記録

◉ シートの書き方

1
行動ログ

その日の行動を時系列で記しましょう。
時刻ごとにまとめることで、細かな出来事までしっかりと残せるはず。旅まえノートの旅程欄と同じように、シートをそのまま切り貼りして使用します。詳しい書き方はp54でご紹介。

2
今日はどんな日フレーズ

一言で、キャッチフレーズ的に記しましょう。
物や出来事その物を単に並べるのではなく、自分が感じ取った内容を付加できると、より思い出に深みが生まれますよ。

3
ときめき情報

♡印に合わせて、箇条書きで記しましょう。
その旅におけるはじめての体験（見たことない、食べたことないなど）やインスピレーションを得た物、気に入った物、偶然の出会いなど、自分が良かったと感じた物をたくさん探してみてください。

4
ズームイン情報

自分なりの言葉で自分だけの思い出を記しましょう。
すべての出来事を網羅するよりも、自分の感性のフィルターを通したオリジナリティのある情報を残すことに価値があります。

5
食事記録、支出記録

朝昼晩の食事や間食の内容、その日使ったお金を家計簿的に記しましょう。コンビニ朝食や立ち食いサンドイッチなど、すべてがレストランでの美食ではなかったこともリアルな思い出。後述する振り返りページづくりの材料にもなります。

⇒ レイアウトの決め方

p24〜p25の旅まえノートと同じように、
各トピックを配置する場所のアタリをつけ、
ガイドラインを引くことからはじめましょう。

東洋のパリを
サイクリング！
1日フランス
租界エリア

今日はどんな日フレーズは、
タイトル的存在。視線の流れ
を考えると、やはり左上がベ
ストポジション！

行動ログはかなり縦長サイズ
になるので、配置できる場所
が限定されます。早い段階で
位置を決めておくべきトピック。

6 –

7 –

8 –　　8:00 起床
　　　ホテルのロビーにてTAXIを
　　　呼んでもらう 便利！！

9 –　　しかしスタイリッシュなロビーで
　　　良い香りする…♡

10 –　10:00 朝食＠桃園村
　　　レンタサイクルスタート！！
　　　少し戸惑うけど…

11 –　11:00 新天地さんぽ
　　　11:30 孫中山古居見学
　　　道にUberがたくさん！！
　　　運転気をつけよう。

12 –　12:30 田子坊さんぽ
　　　お河のお店ベステキだった。

13 –　13:00 カフェ＠WAGAS
　　　途中立ち寄った古本屋
　　　バも古さにびっくり…！

14 –　14:00 ロー・ソー上海り
　　　14:30 ×早＠鑽弘 和菓
　　　目ぎしいものはなく…

15 –　15:00 泉屋節古居見学
　　　15:40 巴金旧居見学

16 –　16:00 ビール①
　　　＠DAGA BREWPUB
　　　虫さされ、かゆいよ〜ひ

17 –　17:00 夕食＠無気鍋
　　　日本からの予約が無事
　　　できていて一安心…♡
　　　でも日本語も英語

18 –　も通じず焦る〜ひ 紙ナプ
　　　　　　　　　　　　キン笑

19 –　19:30 デザート＠小桃園
　　　偶然発見できた♪★

20 –　20:00 ビール②＠Zapfler
　　　一見フツーの公園の地下に
　　　→大ナイトスポット！すごい！

21 –　21:30 ファミマ上海り
　　　①はスープ的なものを
　　　私はマーラーピーナツ買って

22 –　みる。絶妙な辛さと塩気！

23 –　23:00 帰寝
　　　大きなオフロで
　　　ゆっくり入浴♡

24 –

TRAVEL

ACTION LOG
行動ログ

足取り**MAP**はシートにはな
いトピックなので、忘れずに
場所を確保しましょう。

ラウドスの休日店
おみやげ探しジャムとか作れる
さわやかサイクリング
しトロでおしゃれな建物
カフェで帳タイム
大好き屋とスイーツ食べる
バーで女子トーク
素晴しく輝くボートから
世金成る水路素材デー

縦書きにする、角度をつけて
斜めに書くなど、いろいろな
アイデアを試してみて。

行動ログの書き方

p51で紹介した行動ログの詳しい書き方をご紹介します。
簡易ログをもとに旅で起こった出来事を思い出しながら楽しんで書きましょう。

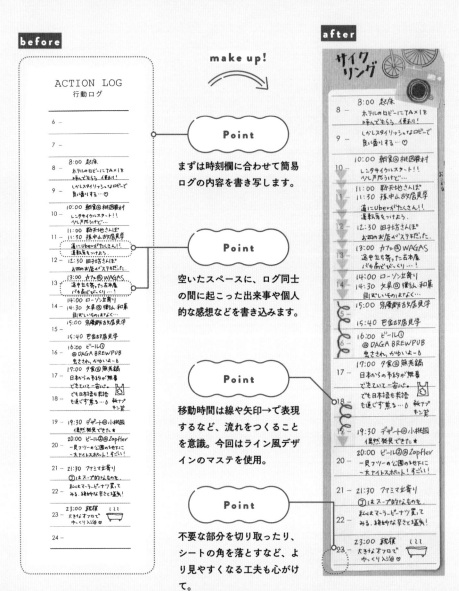

before

make up!

after

Point

まずは時刻欄に合わせて簡易
ログの内容を書き写します。

Point

空いたスペースに、ログ同士
の間に起こった出来事や個人
的な感想などを書き込みます。

Point

移動時間は線や矢印→で表現
するなど、流れをつくること
を意識。今回はライン風デザ
インのマステを使用。

Point

不要な部分を切り取ったり、
シートの角を落とすなど、よ
り見やすくなる工夫も心がけ
て。

→ ときめきボードの書き方

シートで整理したときめき情報を、敢えて「ボード」風にまとめ直せば、
自然と視線を集めることができ、単なる箇条書きよりもドラマチックに仕上がります。

before

GOOD THINGS OF TODAY
ときめき情報

♥ 美しいプラタナスの街並
♥ 台湾朝ごはんに癒される
♥ さわやかサイクリング
♥ レトロでおしゃれな建物
♥ カフェで手帳タイム
♥ 大好き豆乳スイーツ食べる
♥ バーでゆったりビール
♥ 薬膳火鍋でポカポカ
♥ 巴金故居入館無料デーゲ
♥
♥
♥

Sheet

シートの構成、デザインをそのまま活かしながらつくってもかわいくなります。

Note

100均のリング式の方眼メモ帳を切り取って、まさに"ボード"らしく仕上げてもカワイイ♡ 今回は少し遊び心を持って縦書きにチャレンジ♪

make up!

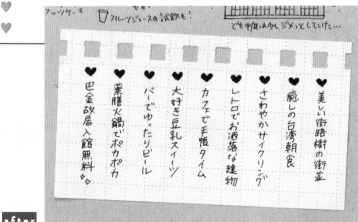

after

むずかしいと思われがちな手描きの地図も、実際の地図を見ながらポイントを押さえて描けば、意外と簡単に作り上げることができます。
手描きの地図に正解はなく、むしろ不完全である方が魅力的だと思います。

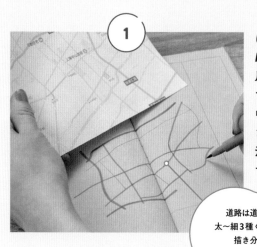

1

はじめに、下準備で作成した簡易MAPを見ながら、道路や鉄道、河川などの「線要素」を描きはじめます。自分の移動ルートに関係のない中小道路は、思い切って省略してしまうのがコツ。海沿いの街ならば、海岸線なども線要素になるので忘れず記して。

道路は道幅に応じて
太〜細3種くらいの線幅で
描き分けると、
わかりやすいです。

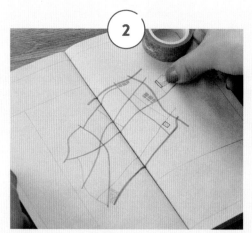

2

次に、公園や広場、歴史的な街並群といった「面要素」、神社や〇〇タワー、有名な建造物といった「点要素」を描いていきます。色鉛筆で着色したり、マステなどをカットして貼れば、メリハリもつき、楽しげな雰囲気になります。

③

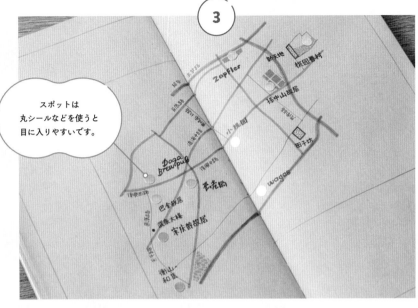

スポットは
丸シールなどを使うと
目に入りやすいです。

最後に、自分が訪問したスポットとその名称を記入します。またショップカードなどを見ながら、お店のロゴをレタリングすると、よりその街らしさを表現できます。

簡単アイデア

手描き地図は難易度が高すぎる…という方は、ネットのフリー地図などを印刷し、キラキラシールなどで訪問スポットを示すというやり方も。時短になります。

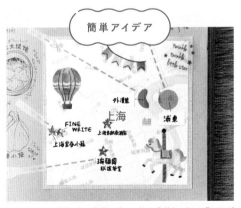

©Mapbox, © OpenStreetMap, © Yahoo Japan

今日はどんな日フレーズ・ズームイン情報の書き方＆仕上げ

最後にデコ文具と一緒にノートの仕上げをしましょう。
今日はどんな日フレーズ・ズームイン情報の書き方もこちらでご紹介します。

Stamp arrange

make up!

旅まえノートの行き先・旅のテーマ欄と同じように、フレーズは手書きのレタリング文字、それに合ったビジュアルも載せます。今回はレンタサイクルで観光をしたので、自転車柄のスタンプをオン！

スタンプは繰り返し使えるので、翌日以降に同じ記録をする時にとても便利です。何日目なのかが一目でわかるよう、日数は大きくカラフルに表現。アクセントカラーを決めれば（今回は赤）、旅あとノート全体の統一感も生まれます。

Photo arrange

フィルム風デザインのマステを使ったり、白い画用紙を下地にしてポラロイド風にしてみたり。

街路樹の木漏れ日や夜景の輝きなど、絵で描けない物こそ、写真を使いましょう。

周囲をトリミングすれば、見せたい物がより強調され、存在感が増します。

◉ ズームイン情報をスキマにぎゅぎゅっと詰め込む！

極めて個人的な主観によるズームイン情報は、基本的には自分だけがわかればOK。
敢えて大きくは載せずに、残されたスキマに書き込みましょう。

自分にしか残せない思い出を
ぎっしり詰め込もう！

Illustration

DIG THINGS OF TODAY
ズームイン情報

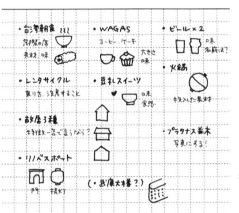

商品名は大きな文字、中の具材や味
などの細やかな特徴は小さな文字で
メリハリをつけます。

Comment

特出して説明したいことは吹き出し
型にしてもカワイイ♡ ミスった時
は小さくカットした同質のクラフト
紙を貼ってカバー。

Ornament

大きなシールは一点物のアクセサリ
ーのようにアクセント的に。今回は
自分の分身として、レトロな女の子
を登場させてみました。

Challenge　　旅全体の振り返りページを加えてみよう

日ごとの記録に加えて、旅全体の記録があると、思い出の厚みが増します。
またお金、お土産、ホテルなど、どの旅にも共通するようなテーマで情報を再整理
すれば、自分だけのトラベルデータベースを蓄積することができます。

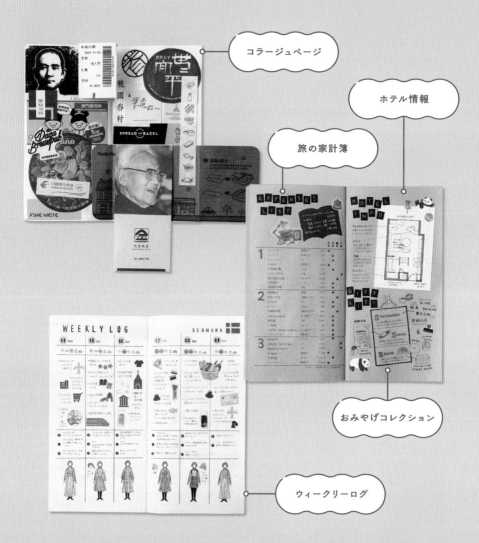

コラージュページ

ホテル情報

旅の家計簿

おみやげコレクション

ウィークリーログ

◉ 振り返りページの項目

コラージュページ

旅先の紙モノにはその土地の特徴的なモチーフや書体、カラーリングが使われていることが多く、集めて貼るだけで、「その場所らしさ」が。年月が経ち、折りジワや変色が表れるのもまた味わい。
⟹ p62

旅の家計簿
（おこづかい帳）

旅の間に使ったお金の記録は、意外なほど、リアルに旅を思い出せるきっかけに。作家の沢木耕太郎さんも名作『深夜特急』の旅で、大学ノートに記していたそう。
⟹ p64

**おみやげ
コレクション**

人にあげたり、自分で食べてしまったり…手元に残らないから、そのうち存在自体を忘れてしまうのがおみやげ。"消えていく物"こそ、ノートに残しておきたいですね。
⟹ p65

ホテル情報

ホテルでの滞在も大切な旅時間。広くて快適なリゾートホテルの居心地を記しておくのはもちろん、格安ビジネスホテルでも、後からクスっと笑えるおもしろエピソードが見つかるはず。
⟹ p66

ウィークリーログ

数日分の思い出をわかりやすく要約した「旅のダイジェスト」的ページ。ここを一目見れば旅の出来事をまんべんなく把握することができます。
⟹ p68

コラージュページのつくり方

観光地のパンフレットだけでなく、
新聞やテイクフリーの雑誌、
ラッピング時の包装紙やお菓子の包み紙まで、
手に入れた物はなんでもとっておきましょう。
素材は集められるだけ集めておいた方が、
そこから素敵なアイテムを選りすぐって、
ページに貼り込むことができます。

今回は中国っぽいキャラクターが描かれた携帯のSIMカード入れや、街並が描かれたコンビニコーヒーの熱さ防止カバーなども使いました！

そのまま貼ると大きすぎるアイテムは、ロゴの形に合わせて周囲をトリミングしたり、切り抜いたりします。

入館チケット

コースター

機内食で出た調味料の袋

ショップカード

できるだけたくさんのアイテムを貼り付けられるよう、重ねられる物は積極的に重ねて貼り込みます。

チケットや箸袋など、細長い物は折りたたんだり、ペラリとめくれるようにしたり。

ゆるっとまとめる

旅の家計簿（おこづかい帳）の書き方

ついついお金を使いすぎてしまうのが旅の特徴。
記録をつけると、それに気づいて凹むこともありますが、
それ以上にメリットの方が大きいはず！
ぜひお試しあれ♪

Point 1

日ごとに各項目をリスト化すれば、日記のような記録に。

Point 2

交通費や食費、観光費などカテゴリー別の整理をすれば、お金の使い方の傾向も見えてきます。

Point 3

総額を記したコーナーは、次の旅行の予算や、旅行貯金の目標額の目安になります。

Memo

カテゴリー別の小計方式にしたり、総額を円グラフにするなど、いろいろな表現方法を試してみてください。

おみやげコレクションの書き方

大切な誰かや自分への贈り物のことだけではなく、
職場の人に配るおみやげや
次回もリピ買いしたい気持ちなどを記しておくことも、
思い出を彩る大切なエッセンスになります。

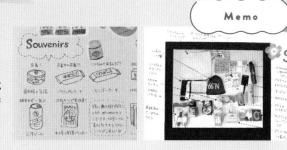

Point 1

購入した店名や金額は、旅の
家計簿でも記録可能。ここで
は店内の様子や商品の特徴、
選んだ時の気分などを中心
に。

Point 2

イラストの代わりにシールを
貼ったり、商品のロゴやラベ
ルを真似して書いてみたりす
るのもおすすめ。

Memo

イラストを加えた一覧形式
や、商品をずらりと並べた俯
瞰の写真を使っても OK。

間取り図に加えて、ベッドが寝やすかった、
眺めが良かったなどのお気に入りポイント、
逆にお湯の出が悪かった、
水回りが狭かったなどのお困りポイントを記しておくと、
旅行サイトの「マイお客様評価的」でおもしろいです。

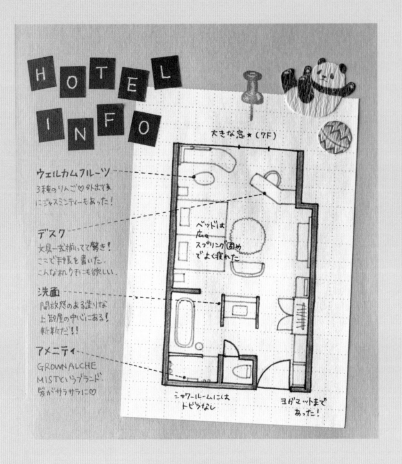

ページの片隅にこじんまりと一覧にしたり、ホテルのギフトカードに詳細をじっくり描き込んだり、いろいろな密度でまとめることができます。

Memo

◉ 間取り図の描き方

足取りMAPと同じく、少しむずかしいイメージのある間取り図も、
方眼紙を使えばかんたんに書きあげることができます。
そのままノートに貼れば手作り感が出て◎。

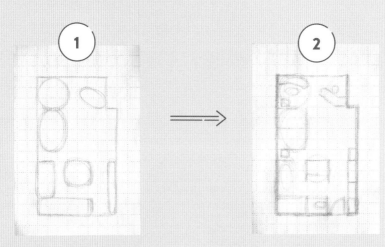

① 方眼紙を用意し、部屋の全体形状と各ゾーン(ベッド周辺、水回り、デスクやテーブル周りなど)を、鉛筆でざっくりと下描き。

② 個々のゾーンの形を整えつつ、家具のイメージを描き込んでいく。ホテルならば、一番メインとなるベッドゾーンから始めるのがおすすめ。

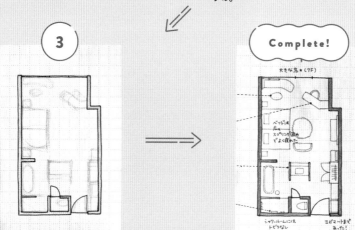

Complete!

③ 壁を二重線、窓や建具を単線で描く。この時点でペンで清書を始めてもOK。

家具などを細かく描き込んで完成。壁を塗りつぶすと、よりメリハリのある図に。

ウィークリーログの書き方

4日以上の長旅の際は、各日のページだけでなく、
全体を一気に振り返ることのできるページがあっても便利です。
サマリーシートの食事記録などはここでも活用できます。

Point

数日分をコンパクトに見開き1ページにする為、
普段の生活で使う週間スケジュール手帳のような
レイアウトを採用。

14 THU	**15** FRI	**16** SAT
☀☁☂☃🌈	☀☁☂☃🌈	☀☁☂☃🌈
● 初めての SAS（スカンジナビア航空）！ ● オシャレなインテリアのコペンハーゲンアパート ● アパート近くにスーパー	● 島瀬頭の オーフス市庁舎 見学 ★★★ ● すてきな本屋さん＆ かわいいシールとエコバッグ ● コスパ◎ のランチ ● 良き公共建築	● 初・お洗濯 成功か！ ● 良き教会建築 ● 良き公共空間 ● 世界一！美しい 美術館

上段

上段は、その日の出来事を短く箇条書きで。シールなどで内容に合ったビジュアルも載せると、一気に華やかに。

Ⓑ	りんご1/4、GC ベジー・デライト サンドイッチ	ミリアル入skyr、白湯、スープライ麦パンにジャガランC	サラダ、目玉焼き、フェタチーズ、skyr、ライ麦パンにジャガランC
Ⓛ	ワイン（白、赤）、構内食（チキン）、軽食（サラダセット）、ノースマン	ビール Turkish Grill House のプレート	ビール、ルイジアナMのビュッフェ
Ⓓ	サラダ、ポークソテー、ライ麦パンとブラウンC、ビール	海鮮のサラダ、ファラフェル、ライ麦パン、ビール	赤ワイン、ブルーチーズ、ビール

中段

中段は、シートの食事記録を元にミールログを記入。その日の体調や食べ過ぎた日なども、一目瞭然。

ポニーテール♪

下段

下段は、ワードローブにしています。その日何を着ていたかを一覧で確認できるようにすれば旅の着回しも上手になれます。

おすすめデコ文具

わたしにとってデコ文具は、自分の手書き文字やイラスト、そしてノートそのものをぐっと魅力的に引き立ててくれる大切な存在。
だから、自分なりのこだわりを持って、じっくり選ぶようにしています。

Paper

色画用紙

下地にも、装飾にも使えるのが◎。原色なら100均、くすみカラーは東急ハンズやLOFTなどで。ハガキ位のサイズが保管の面でも便利。

クラフト紙

こちらも下地、装飾共に多用途に使える優秀アイテム。セリアのA4サイズが大容量でお得です。

和紙

コピー用紙やトレーシングペーパーにはない、表面の質感や柔らかな透け感が、とても素敵。こちらは京都楽紙館というお店で買った物。

Stamp

日付スタンプ

押すだけで、ページにおしゃれな「型」ができ、一度買うと10年は使えてコスパも良いです。こちらはスタンテックのシャイニースタンプというシリーズ。

文字スタンプ

タイトルや見出しなどに使用。大文字と小文字の使い分けなどもできると◎。「こどものかお」シリーズなど書体がシンプルな商品が好き。最近では100均にもハイクオリティの商品があります！

アイコンスタンプ

お天気柄、ワードローブ柄、☆評価柄など、おでかけ情報の記録に重宝。インスタでもよく質問をいただくのですが、Smithが品揃えが良くてオススメです。

Sticker

マスキングシール

ページのアクセントとして。和紙同様、透け感が大好き。MIDORIのシールマルシェやMIND WAVEのウィークエンドステッカーなどはおしゃれですが単価高め。その為気軽に使える100均の商品も絶賛愛用中。

マスキングテープ

基本は柄物よりシンプルな物、そしてTODOやフィルム、チケット柄など旅っぽさのある商品を集めています。シールやマステの中間として使えるキングジムの「KITTA」シリーズもお気に入り。

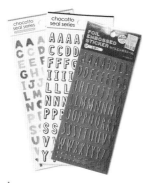

文字シール

文字スタンプと同様、タイトルや見出しなどに使用。100均の商品が意外にシンプルで使い勝手が良いです。

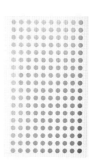

丸シール

足取りMAPの訪問場所などに。A-oneやニチバンのラベルシール（ゴールド色）なら、さりげない存在感を醸し出してくれて◎。一度買うとなかなか減らない所も◎（笑）。

Chapter 4

もっとノートを素敵にする

アレンジアイデア

Basic
arrange ideas

いろいろな紙を使ってみたり、
ノートの向きを変えてみたり、
少しの工夫でノートが
おしゃれでおもしろくなる
アレンジをご紹介します。

「紙類」を使ったアレンジいろいろ！

色画用紙から千代紙、和紙に至るまで紙には様々な色や模様があり、切ったり折ったりと加工方法もいろいろ。紙に注目するだけでも、アレンジの幅は広がります。

ベースを「黒」にしてみる

Point

黒い紙に白いペンを使えば、一気にシックでおしゃれな雰囲気に。紙モノの存在感も際立ちます。黒い紙のみでできたノートを使っても、そのページだけに黒い色画用紙を貼ってもOK。おいしい外食の思い出ならメニューボード風にまとめてもかわいい！

大きさを揃えて「トレカ」風にしてみる

Point

トレカ＝トレーディングカードのこと。黒い紙を同じ
大きさでカットして、そこにときめき情報やズームイ
ン情報を書き込めば、自分オリジナルの旅トレカが完
成。紙の色は黒以外でももちろんOK。ノートに貼る
だけでなく、地域ごとにケースに保管、友だちと交換
してもおもしろいかも！

黒板、封筒…「色紙使い」に慣れる

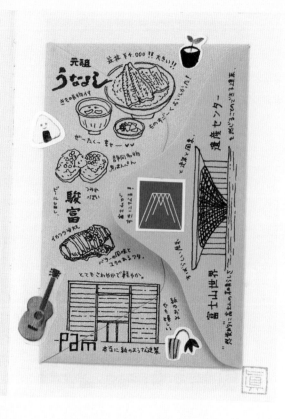

Point

ベースの紙を「緑」にすれば、昔懐かし黒板風に。また紙単体ではなく、色画用紙でできたミニ封筒をキャンバス代わりにすることだってできちゃいます。封筒なら、中に紙モノも保管できて一石二鳥。折り目などを気にせず大胆に使う思い切りと慣れが大切です。

日本の伝統工芸品「和紙」を使ってみる

Point

ユネスコの無形文化遺産でもある和紙。最近
ではマステのことを「Washi Tape」と呼ぶ人
もいるそうで、お寺の拝観券など和風デザイ
ンのアイテムとも相性◎。何枚か重ねても、
重々しくならず独特の風合いが出るので、と
ても重宝しています。

行動ログを「時計型」でかわいくアレンジ！

時系列でシンプルに書き込むのも良いけれど、時計の文字盤風にまとめれば、
直感的に時間を判断できて、しかもかわいい！そんなアイデアをご紹介します。

クラフト紙で「シンプルな時計」をつくる

Point

クラフト紙を円形に切って、周囲に目盛を書け
ば、シンプルな丸時計に早変わり。手帳用の小さ
なシールなどを使いつつ、文字盤に合わせて時刻
ごとの行動を書き込めば、1日の出来事の流れを
よりわかりやすくまとめることができます。

スタンプで「手軽に」時計をつくる

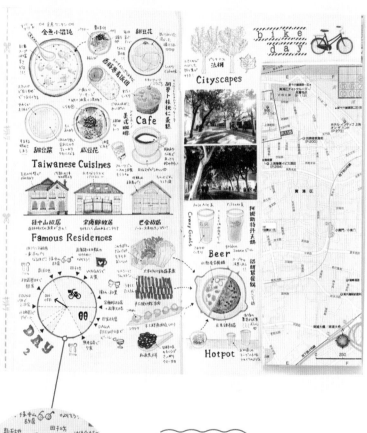

紙を円形に切ったり、目盛を書くのはちょっと苦手…という方は、時計柄のスタンプを使ってみて。押すだけで文字盤が完成します。またインクの色を変えることで、いろいろな雰囲気を演出できます。今回は青紫のインクで爽やかな感じに。

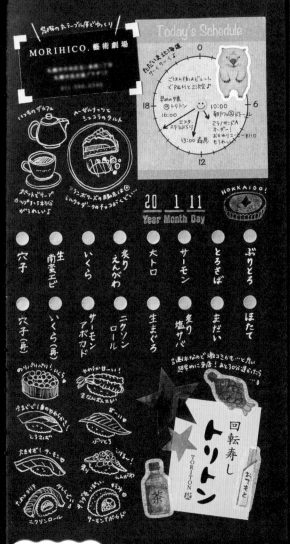

Point

スタンプだって、真っ直ぐきれいに押すのは結構難しい…
そんな方に朗報です。最近は時計柄のマステがあるんです
(100均にもありました!)。今回はDAISOの商品を使って
みましたが、文字盤周りのデザインも可愛くて、一気にペ
ージが華やぎました。みなさんもぜひお試しあれ。

「mini_minor'sテンプレート」で時計をつくる

Point

かつてクラフト紙ノートに使える時計型を探していたところ、あまりピンとくるアイテムに巡り会えず。ならば…と「白地のシンプル時計」のテンプレートをオリジナルで作りました。シートと同じように、p127からダウンロードできますので、良かったらこちらもどうぞ♪

ノートの「横使い」で、もっとのびのび書けるアレンジ！

市販の多くのノートが縦長サイズです。
でも中央にある綴じ部分のせいで、紙面の使い方に制約が生まれてしまう場合も。
そんな時は思い切って90度回転させるのも手です！

イラストも横一列で「街並風」になる

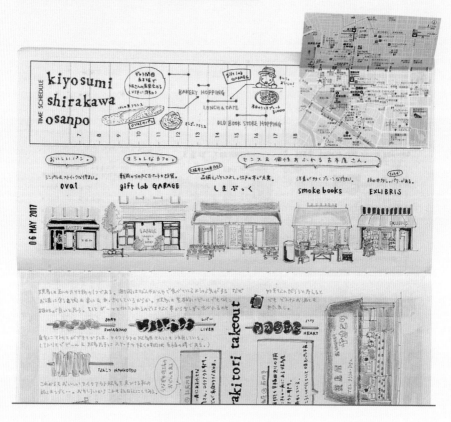

Point　行動ログと共にお店の外観イラストも横一列にすれ
ば、街並風の装いになりおさんぽ感も高まります。ペ
ージ全体をのびのびと使ってみましょう。

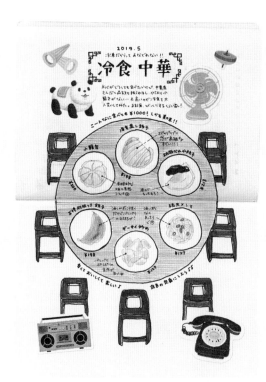

小さめノートも
「大胆に」使える

Point

ノートの向きを変えること
で、紙面をよりダイナミック
に使えるようになります。ト
ラベラーズノートのパスポー
トサイズのような小さめノー
トの場合は、特に効果的です。

Point

こちらはドーナツやマフィ
ンとコーヒーカップを描い
ただけ。情報量は少ないけ
れど、小さめノートに書け
ばこれだけで十分な量です。

旅先の紙モノを「飛び出す絵本」のように立体アレンジ！

子どもの頃、立体的な仕掛けがある絵本に魅了された経験がある方も多いのでは。
立体物としてのあしらいをほどこしてみると、ページを開くのがもっと楽しくなります！

「重ねる」「開く」「引き出す」「めくる」いろいろな仕掛けを

POP UP!

Point

コラージュページを作る際の基本は「重ねる」ですが、横長の物は左右に開けるように、ポケットの中身は引き出せるように、ビニール素材はくるりとめくれるように…その上で重ねる作業をほどこせば、ページの立体感が増し、ワクワク度もよりUP。

たくさん折り込めば、たくさん残せる

Point

「折る」という手法も、2〜3度繰り返したり、折り込む向きを変えるなど、いくつものパターンが可能です。紙モノを貼り込めるスペースも増えるので、より多くのアイテムを残すことができるという利点も。

「分割ワザ」でページをきれいに見せるアレンジ！

レイアウトのルールを考えるのは、やっぱり難しい…という方は、
2、3、4…という風にページをざっくりと分割してから、まとめてみましょう。
意識するだけでグンとノートがきれいに見えます。

2分割

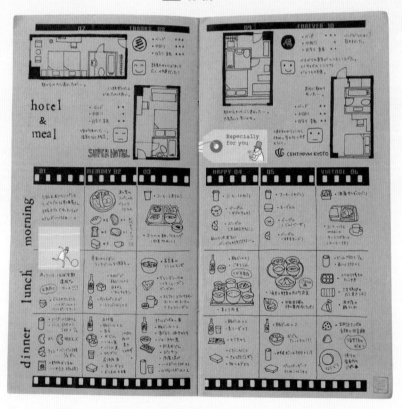

Point

1ページをあらかじめいくつかのスペースに分割することで、情報がより整理され、整った印象を持たせることができます。これは、振り返りページにおけるホテルとミールログ欄を一番簡単な2分割でまとめている例です。

3 分割

Point

準備ページにおける行き先・旅のテーマとエリアMAP、持ち物リストを3分割でまとめた例。分割してからトピックの場所を決めるので、どのトピックをどこに置くかいろいろな組み合わせを試すことができます。

16分割

Point

2019年の夏に訪れたカフェの記録を、お店ごとに16分割でまとめた例。各トピックの内容が多少違っていても、全体としてのまとまりをつくることができます。お店のロゴの下地にしている紙の柄を揃えて、より統一感が出るような工夫も。

新聞風 分割

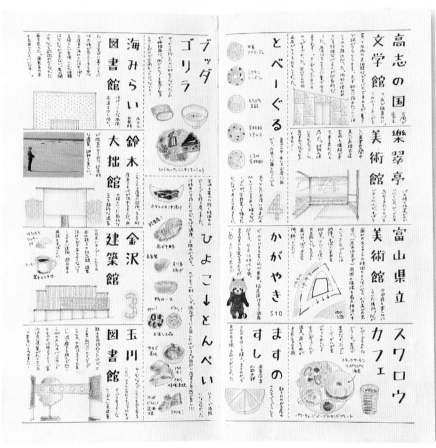

Point

分割レイアウトを使っている身近な例として新聞のデザインも参考にできます。こちらは2019年の北陸旅行のページ。文章を縦書きにできるのも新鮮でした。見出しをかわいらしい文字でレタリングしていますが、シールや文字スタンプなどでデコっても良いです！

ちょっとした小ワザ集　　　Petit techniques

どんなページにも使えるちょっとした小ワザをご紹介！

Technique 1　フォトジェニックな切符はそのままオン！

飛行機や列車のチケット、在来線の小さな切符などは、それ自体が旅らしいアイテム。窓口で無効印を押してもらえば、持ち帰りOKなので、ページの主役として堂々と貼ってみましょう。

zoom!

Technique 2　レシートをそのまま日記代わりに！

多くの情報が残っているレシート。印刷により文字なども整っているので、そのまま貼っても十分絵になります。周囲をきれいにカットしたり、手書き風に囲ってマステで飾ってみると、より素敵に。

zoom!

Technique 3 　大事な紙モノは手づくりポケットに収納！

美術館や映画の半券、大きくて存在感あるチ
ケットなどは切り貼りせず、そのまま保管し
ておきたいもの。そんな時はポケットを作り
ましょう。おしゃれなデザインの紙を使え
ば、ポケット自
体もフォトジェ
ニックに。

zoom!

Technique 4 　実用性を重視したマステの使い方！

行動ログの時刻欄に、方眼柄のマステが使
えます！マステの色や種類を変えれば、
様々な雰囲気を演出できますよ。

メモ柄マステは、パンフレットにそのまま
オン。写真や全体のデザインを邪魔せずに
メモを書き込める優秀アイテムです！

選ぶ&使うのが楽しくなる!

デコ文具の
収納アイデア

手帳やノートを愛するがゆえに、どんどん増えていくデコ文具。気づけば「似たような商品を複数買っていた」「買った商品の存在自体を忘れていた」ということもあるのでは。
デコ文具を上手に整理できれば、使いたい文具をすぐ見つけることができ、もっとノートづくりが楽しくなります。

Idea

マステはシック系と
カラフル系に
分けて「引き出し」収納

以前はお菓子の缶を使っていましたが、出し入れが結構面倒でした。そんな時、100均のデスクラボシリーズの存在を知り、早速購入。引き出しの深さもピッタリで、やはり一目でデザインや量を把握できるところが、とても使いやすい!何よりお手頃価格なのも嬉しい♡

Idea

シールは大きさや
デザインごとに
「単語帳スタイル」で収納

こちらも以前は100均のプラスチックケースに立てて収納していましたが、使いたい物を見つけ出すのに結構時間がかかっていました。そこで単語帳などに使うカードリングをシールの台紙上部の穴に通し、種類ごとに束を作ってパラパラめくりながら探せるよう改良。シール選びがより楽しくなりました。

Idea

スタンプは
インクとセット
「救急箱スタイル」で収納

以前はスタンプ本体とインク(スタンプ台)をバラバラに収納していたのですが、救急箱ならガーゼと消毒液を一緒にしまいますよね。というわけで、100均の取っ手付きクリアボックスにセットで収納。使う時はボックスごと持ち運びできてハンドリング性も◎になりました。

mini_minorのデスク事情

わたしのデスク周りを少しだけご紹介します。ノートをワクワクごきげんで作れる作業環境づくりを大切にしています♪

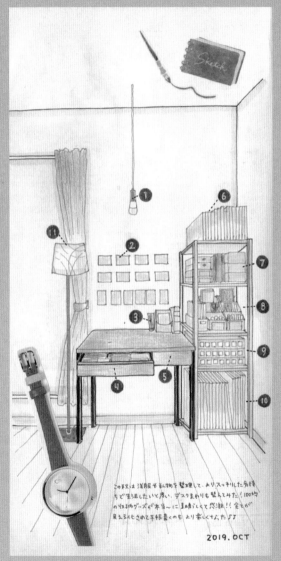

① ペンダントライト
ホームセンターで買った裸電球。夜作業もできるくらいの明るさです。

② 芹沢銈介さんの絵ハガキ
大好きな作家さん。デザインの参考にもなり見ているだけでも癒されるので、いつでも眺められる場所に。

③ ペンスタンドなど
セリアのタワーペンスタンドを使用。スリムなところがお気に入り。頻繁に使う筆記具を入れています。

④ 引き出し（文房具）
色鉛筆やカッターマット、定規などを入れています。

⑤ 引き出し（生活用品）
家計簿や電卓など生活感あふれる品々が（笑）。

⑥ お気に入りの本
読むと元気になる数冊を厳選して置いています。

⑦ スタンプ、フレークシールなど

⑧ マステ、シール、はさみなど

⑨ まだノートにできていない紙モノ
いつでも手の届く場所に置いておけば、作りたい時にサクッと取り掛かれます。

⑩ A4サイズ以上の資料や雑誌など

⑪ スタンド照明
IKEAで買ったもの。やさしい光が欲しい時に点けています。

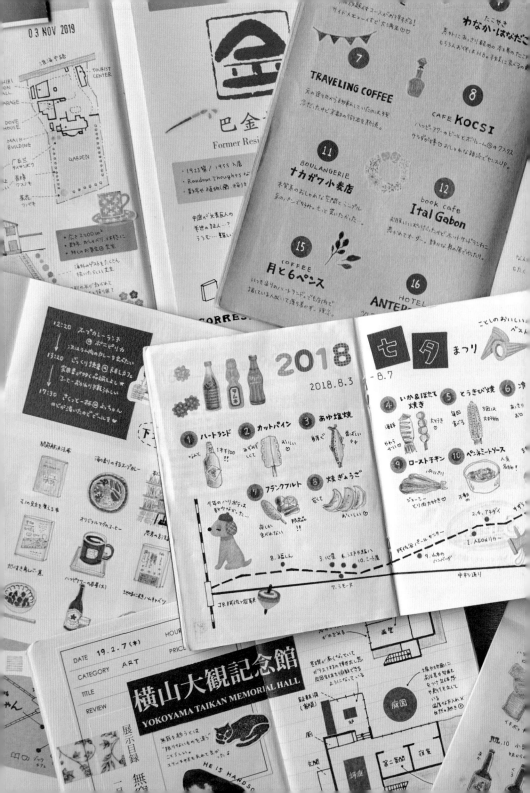

Chapter 5

ワンランク上の
**トラベルノート
応用アレンジ
アイデア**

Apply
arrange ideas

ノートづくりに慣れてきたら、
Chapter4でご紹介したアレンジを
より発展させて、いろいろな表現に
チャレンジしてみましょう♪

行動ログは「流れ」さえ見えれば、いろいろアレンジできる

出来事を「ナンバリング」して並べる

Point　プランニングシートやサマリーシートでは時刻ごとに記していた行動ログ。これらに数字をふって並べれば、行動の流れを番号順に追うことができます。視線の流れに沿って左上から右下にまとめていくことも忘れずに。

時刻を「値段」風に表現してみる

MENU 2019.1.3 **8**

F aubourg Paris 　　　　　　　　　8.15
美術館近くのパン屋さん兼カフェ。広々と明るく清潔な店内。

S tepho's Souvlaki Greek Taverna 　12.00
5番バスでヤットのギリシャに驚くが4階は中華クラーメンの店だった(笑)

B randon & Joanny's No Frills 　　13.30
小さなコストコのような雰囲気さ。でも安い。カードダメかと焦る。

S afeway Robson 　　　　　　　　14.00
イオンウナ感じ。お惣菜もいろいろ。税が割よりパパにくい高い?

W hole Foods Market 　　　　　　14.30
まさに成城石井! どでも惣菜もいっこ全て美味しそうマタ食堂連。

C affè Artigiano 　　　　　　　　15.00
小がりのコーヒーでPCでノートで隅のテーブル席へ。手作り村仕様。

R ed Racer Taphouse 　　　　　　18.45
Jが見つけてくれたブリュワリー。Tap 40まさあり選べない!

Y VR - Airport 　　　　　　　　11.00
やり出来さいきれいなこったラザゲンアと予約の名まさを気くもり望え巻へ。

J AL 017 　　　　　　　　　　　13.10
食べすぎのためベジタリアンミールイニっでもアイスもうえてラッキー5
コーヒーをコボしたりしたけどせず店員さも良く楽いまきのタイム。

MENU 2019.1.4 **9**

STEPHO'S SOUVLAKIA LAMB
MEATS ROAST LAMB
Roast Potatoes Rice Pilaf Veg brown Greek Salad

Foods
Stepho's
● Artigiano
Faubourg

Red Racer

ALE と IPA!
100まで 元気!

カフェとスーパーめぐり。

Point

海外の飲食店で、メニュー表の価格欄が少数点以下まで記されているのを見て、それを行動ログ欄に応用してみました。もちろん、その時刻の出来事は「料理名」のように表現することも意識して。

食事は「順序」「駅や街」「週や季節」でもまとめられる

コース料理にも「ナンバリング」が有効

Point　コース料理は、料理が一品ごとに順序だてて提供され、その時間までも楽しめるのが良いところ。そしてメニューの組み立てにはシェフのこだわりも込められているはず。よってp96の行動ログと同じように、料理の「流れ」に番号を振って記すのも効果的です。

お店のハシゴ記録は「駅や街」単位で

Point

高円寺や下北沢など、駅や街として特徴のある雰囲気を持った場所ならば、飲食店ごとではなく「その駅、その街で食べた物」としてひとまとめにするのもおすすめ。簡単な足取りMAPもあると、よりおでかけっぽい雰囲気になります。

MEAL LOG

1
- M 一美のラーメン＋追いパク
- L サーモンの柚子奄る豆乳クリーム煮込＋五穀米春入れ
- S 白いんげん豆とベーコンのミネストローネ＋チキンラーメン
- D 庖田牛ステーキ、7種デリップテラダ、シナモンベーグル、2種アイス

2
- M シナモンベーグル、目玉焼、ハム、チーズ、サラダ、ヨーグルト、スープ、2種アイス
- L
- S メープルウォルナッツチーズケーキ、ラズベリー、ティ
- D (Otap、ギリシャピザ、ジャンボコーク

3
- M シナモンベーグル、目玉焼、サラダ、ヨーグルト、スープ
- L
- S シナモンデリオーン、コーヒー

4
- フォカッチャ、ドライフルーツw/チーズ、ソーセージ、サラダ
- ローズマリーベーグル、スコーン、サラダ、ヨーグルト、目玉焼、スープ、野菜湯
- ラズベリー、チェリーパイ、ハイビスティー、フネホッキー、コーヒー
- カキ、ビール、シナモンチョコガードナッツ、チーズサーモン、コーヒー、ティー
- スープ、サラダ、サーモンソテー

5
- M 2種類のベーグル、目玉焼、サラダ、スープ、ヨーグルト
- L お屋台の見る
- S
- D サラダ、ラム肉の煮込、お屋台2種

6
- M ヨーグルト、サラダ、目玉焼、スープ、スコーン、ベリーのパン
- L
- D サラダ、ソーセージ、サーモンソテー、納豆

7
- M ベリーのパン、目玉焼、サラダ、スープ、ヨーグルト、ベリージュース
- L
- S キャロットマフィン、バナナケーキ
- D カキ缶詰の煮込、豆と玄米湯の煮込、ソーセージ、納豆

8
- M いちご、りんごサラダ、スープ、ハーフフィグベーグル
- L ローストラムプレート、ビタバン
- D スモークサーモン、ベーグルとサーモン、冷凍ピザ、納豆、サラダ

	交通
①	1490
②	
④	480
⑤	1660
⑥	1830
⑦	950
⑧	1660
⑨	680
合	8750
％	7%

Point

1日ごとなら単純な内容で終わってしまう食事記録も、1週間や10日という一定の期間の中でまとめれば「この日は、前日はしゃいで食べ過ぎたから、翌日は朝昼抜いたんだったな。そういえば移動の電車の中は2日酔いで…」なんていう旅のエピソードを思い出せるきっかけにも。

「季節ごと」にまとめてみる

Point

春夏秋冬、四季が豊かな日本。その季節ならではの食材もあったりしますよね。例えば夏ならコーヒーはアイスだし、冷たいビールやアイスクリーム、夏バテ防止の焼肉など。さらにはお盆の帰省で久々に食べた母の味だってその夏の大切な思い出。トラベルノートから季節の移り変わりを感じられますよ。

足取りMAPも「流れ」を意識してアレンジしてみよう

手描き地図に「正確さ」はいりません

Point

インスタで「地図を上手に書くコツは…?」と聞かれてつくってみたページ。おでかけルートを線路風にして、電車のイラストをちょこっと加えただけ。距離感や方角などの地形的な正確さは全くありません。でも足取りMAPとしてその日どこへ行ったかが一目で見てわかればOK。

「マステ」を切り貼りしてつくる

Point

手書きの線で地図を描いても、どうもサマにならない…という方は、マステを細く切り貼りして、貼り絵のようにしてみては？　こちらは東京の路線図を自分の訪れた駅のみに絞って作った地図です。地形図はちょっと複雑だけど、路線図なら元が簡略化されているので、ベースにしやすいですよ。

地図内に「適切な目標物」を入れる

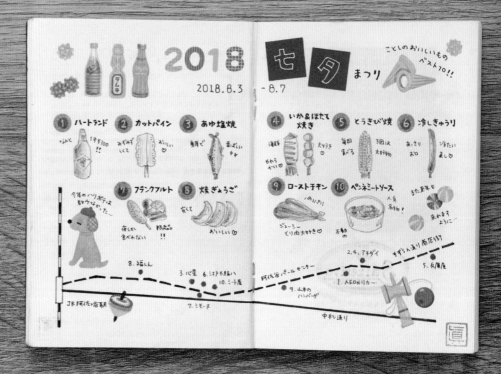

Point

このページは2018年、右のページは2017年の同じ夏
祭りの思い出です。JRの駅や線路、周囲の幹線道路、
曲がり角や分かれ道など、実際の様子がある程度わか
るくらいの目標物が表現されていれば、足取りMAP
として十分です。

感じたことを「そのまま表現」する

第64回 戸越銀座まつり

Point

この夏祭りでは、くねくねと湾曲するアーケードの中を、出店を眺めつつ浴衣で練り歩いたことが一番心に残っているので、その道のカーブはしっかりと曲線で表現しました。思い出の重要な部分は、実際に感じたことをそのまま記す心がけが大切かもしれません。

人物にフォーカスしてみる

人物写真は「被写体の形」で切り抜く

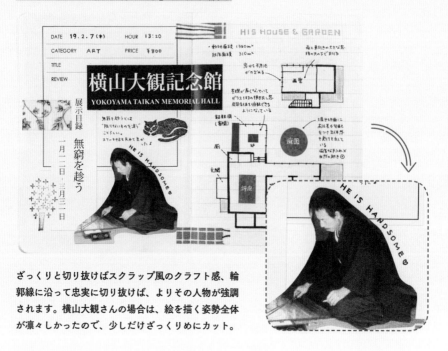

ざっくりと切り抜けばスクラップ風のクラフト感、輪郭線に沿って忠実に切り抜けば、よりその人物が強調されます。横山大観さんの場合は、絵を描く姿勢全体が凛々しかったので、少しだけざっくりめにカット。

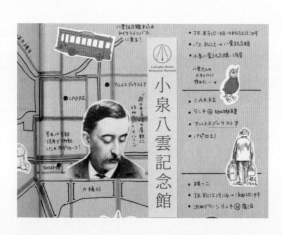

上半身のみに絞れば「肖像画」風

同じ人物写真でも、見せ方を変えればイメージも大きく変わります。小泉八雲さんの場合は、伏し目がちのアンニュイな表情が一番特徴的だったので、胸から上だけに絞って貼りつけました。

建物にフォーカスしてみる

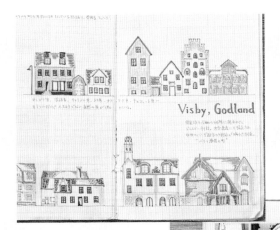

ベタに街並スケッチ

職業柄、旅で建物に注目する時間も多いので、その記録方法もいろいろと研究中です。家々の外観などのモチーフは並べて描くだけで自然なまとまりが生まれるので、実際に見た風景その物ではなくても、その街らしさが出ます。

街並標本アルバム

ノスタルジックな街並を切り取った写真を、標本のようにズラリと並べてみました。アクセントとしてクラフト紙に描いたざっくり手描きスケッチもプラス。

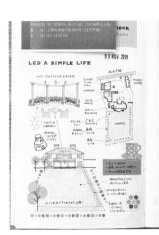

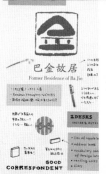

建物解剖風スケッチ

写真からは見えてこない、周辺の環境や詳細な設計などをじっくりまとめることも。自分がなぜ「すごいなあ」と思ったか、できる限り客観視できるような記録を目指しています。

ゆる～くまとめる
トラベルノート

Soft
arrange ideas

忙しい毎日の中で、なかなかまとまった
作業時間が取れなかったり、
毎度気合いが入ったページは
つくれなかったり…そんな時は、
リラックスした雰囲気の小さなノートを
つくってみるのもいいかもしれません。
旅だけでなく日常をまとめた物もご紹介。

とっておきの週末だけをノートに♡

毎週末の出来事をノートにするのは大変ですが、
誕生日や記念日など1年に数回だけある"特別な週末"だけは、
ノートに記しておいても良いかもしれません。
大切なことだけを取り出して、小さくかわいらしくまとめてみましょう。

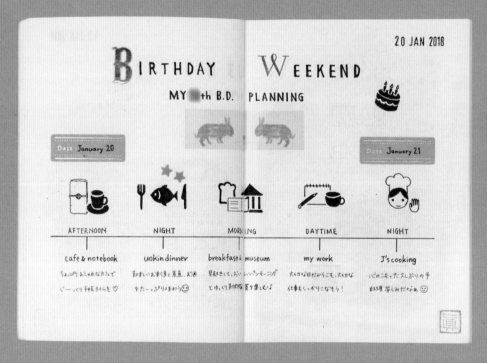

しろくま帰省ノート

週末を利用してサクッと実家に帰省した時間もノートに。新しくできたお店を発見したことや、行きつけだった洋服屋さんでの買物、久々の家族団らんの夕食も、温かな思い出の1つになります。子どもの頃から見慣れている風景が新鮮に見える瞬間です。

APR 29 - MONDAY

● ぷらっとこだま
  7:56 - 11:53
  東京　新大阪
  11号車 10A
● お見舞 (JGM)

※ 新幹線で朝ごはん
  手づくりパン＋ピーナッC.
  あったかコーヒー
※ こだまドリンクチケット
  ビール???
※ 読書、手帳、ノートタイム
※ Jの家族とだんらん

MA

● 司馬遼
  10:0
  ¥500
● 中之島
  gra
  レトロ

APR 30 - TUESDAY

● 茶屋町
  STANDARD

※ オシャレ雑貨、文具探し

MA

● 谷崎潤
  10:0

Point　旅程もTODOも、基本はすべて箇条書きでOK。文頭の「・」印は、記号を使い分けるとよりわかりやすいかも。

※ おいしい粉もん

MAY 2 - THURSDAY

● 谷崎潤一郎記念館
  10:00 ~ 17:00
  ¥300
● ヨドコウ迎賓館
  10:00 - 16:00
  ¥500
● 手塚治虫記念館
  9:30 - 17:00
  ¥700

※ 偉人のライフスタイル
  ＆ノート
※ 建築見学
※ ミュージアムグッズ
※ おいしいランチ

Point　文字だけでは少し味気ないので、簡単にデコ文具で飾り付け。「KITTA」ならマステのように引き出してカットして貼る手間も省けるのでおすすめ。

ノートで楽しく♪ おとなの図工タイム

日々の中でちょっとした「ものづくり」をしてみたい…そんな方は「切る」「貼る」という作業にも少しこだわってみては。子どもの頃によく遊んだ、お絵描きや工作を楽しむ気持ちを思い出してみましょう。

色画用紙でつくる季節のフルーツ柄

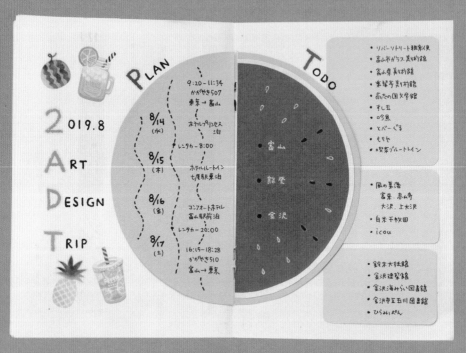

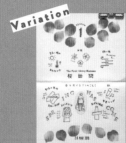

季節のモチーフを使ってみよう

季節のモチーフは使うだけで、季節感を出すことができます。このノートは桜の花びら型のシールを使っていますが、色紙でも代用できます。落ち葉の形に切って貼れば秋、スイカをミカンに変えればあっというまに冬をイメージできます。

mini_minor's
CLOCK TEMPLATE
時計テンプレート

Clock Template

使用例は
p81をCheck!

mini_minor's
TRAVEL SUMMARY SHEET
旅のまとめをしよう♪

DATE
日付

Summary Sheet

使用例は
p50、51をCheck!

ACTION LOG 行動ログ	TODAY IS… 今日はどんな日	DIG THINGS OF TODAY ズームイン情報
6		
7		
8		
9		
10		
11		
12		
13		
14		

GOOD THINGS OF TODAY
ときめき情報

♥
♥
♥
♥
♥
♥
♥
♥
♥
♥
♥

| 15 |
| 16 |
| 17 |
| 18 |
| 19 |
| 20 |
| 21 |
| 22 |
| 23 |
| 24 |

SPENDING LOG
支出記録

MEAL LOG
食事記録

B
L
D
S

※圏外ではご使用できません。
※機種によってはご使用いただ
　けない場合がございます。そ
　の際は直接こちらのページを
　拡大プリントしてお使いくだ
　さい。
※機種ごとの操作方法や設定に
　関してのご質問には対応致し
　かねます。
※ご使用には別途通信料がかか
　ります。
※サーバーメンテナンスなどに
　より、予告なく変更、休止、
　中止する場合がございます。

撮影 ································· 市瀬真以

デザイン ························· 鎌内 文　南 彩乃（細山田デザイン事務所）

DTP デザイン ················· 横村 葵

校正 ································· 聚珍社

編集 ································· 森 摩耶　滝本愛弓（ワニブックス）

"忘れたくない"をかたちにする
my トラベルノート

2020年5月7日　初版発行
2024年6月1日　2版発行

著者 ··········· mini_minor

発行者 ······· 横内正昭

編集人 ······· 青柳有紀

発行所 ······· 株式会社ワニブックス
　　　　　　〒 150-8482
　　　　　　東京都渋谷区恵比寿 4-4-9 えびす大黒ビル
　　　　　　電話　03-5449-2711（代表）
　　　　　　　　　03-5449-2716（編集部）
ワニブックス HP　http://www.wani.co.jp/
WANI BOOKOUT　http://www.wanibookout.com/

印刷所 ········ 株式会社美松堂
DTP ············ 株式会社オノ・エーワン
製本所 ········ ナショナル製本

※トラベラーズノートはトラベラーズカンパニーの製品です。
　株式会社デザインフィル トラベラーズカンパニー

©mini_minor 2020
ISBN 978-4-8470-9917-5

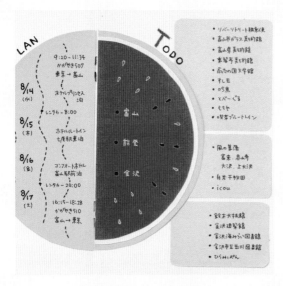

Point

実はスイカの縞模様が「時間の流れ」、種の色の違いが「引き出し線」を表しています。小さな遊びがあるだけで、ページに実用性と楽しさ、両方を持たせることができます。

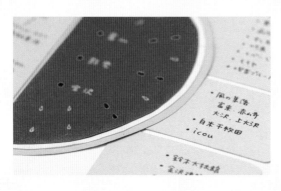

Point

赤・黄緑・白、3色の色画用紙を円形に切って重ね貼りし、種を描けばスイカに早変わり。

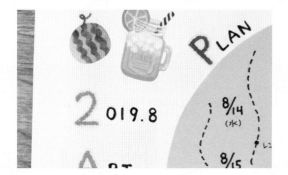

Point

タイトルはスイカと同じ黄緑色の文字シールで配色を揃えて。このひと工夫がおとなのあしらい!

色画用紙でつくる爽やかストライプ下地

下地にこだわっておしゃれ度UP

単体で使っても素敵な一筆箋は、ノートの上ではシックな下地になってくれます。マステでアクセントをつければ、おしゃれ度もぐっとUP。

水色と黄色、夏らしいカラーの色画用紙を短冊形に切り、均等に隙間を空けて貼りつければ、ストライプ柄が完成。

出来事同士をつなぐ矢印は、三角形のシールでリズミカルに。建物は3色の色画用紙と白いペンを使って、工作気分で作りました。

下地のデザインや文字、イラストの雰囲気がシンプルな分、タイトルには少し個性のあるデザイン文字シールを使いました。

Q & A

自分らしいトラベルノートをつくる上で試行錯誤は日常茶飯事、時には迷走したりすることも。そこでInstagramでよくいただく質問とその回答をまとめてみましたので、ご自身で取り入れられそうなアイデアをピックアップして、自分流を編み出す参考にしてみてください。

Question 1

見開き1ページ作るのに、どのくらいの
時間がかかっていますか？
1日で仕上げていますか？

A ⇒ 内容次第ですが、平均7〜8時間（平日1〜2時間、休日3〜4時間でトータル1週間）程度です。急いで書くと、細かなニュアンスや大切な情報を取りこぼすかもしれないので、ある程度時間をかけます。出勤前やお昼休みの時間なども積極的に使っています。

Question 2

仕事や家庭のことで、ノートを書く時間が
なかなか取れません。でもノートはつくりたい…
効率的につくる方法はありますか？

A ⇒ いきなりノートに向かわず、まずは「どんなトピックについて書くか」を決めましょう。旅情報の整理ならスキマ時間や自宅以外の場所でも作業できます。P126〜P127でダウンロードできるシートも使ってみて♪「考える時間」と「作る時間」を明確に分けることが効率化のポイントです。

絵心が全くないし、字も下手なのですが、
どうしたら素敵に仕上げることができますか？

A ⇒ 思い切ってシンプルにしてみては。インスタで海外の方のノートを見ると、絵も少なく、モノトーンの場合もありますが、逆にそれがおしゃれな時も。ただし、文頭は揃えるなど、見やすくなる工夫は心がけてください。方眼ノートを使うのもおすすめです。

書きたい気持ちはあるのですが、結局挫折し、
手つかずの物がたくさん。
トラベルノートを続けるコツは？

A ⇒ ノートをつくる作業自体が、ワクワク楽しくなる要素を作りましょう。例えば、かわいいスタンプやマステでデコする、持っているだけで心ときめくノートを選ぶ、作業がはかどるお気に入りのカフェを見つけるなど、自分を飽きさせない工夫が大切です。

忙しい、体調がすぐれない…など、
旅になかなか行けない時に書くネタがない、
ということはありませんか？

A ⇒ なかなか旅やおでかけをする気分になれないこともありますよね。そんな時でも、日々の中で「ちょっとのワクワク」を集めてみることはできると感じています。例えば、コンビニで売っている世界のスイーツを食べ比べて自分ランキングをつくってみたり、次の旅をする時の持ち物を見直してノートに整理してみたり。そんな時だからこそ、日常の中にある「旅を感じる瞬間」の見つけ上手になってみましょう♪

こ の度は、たくさんある書籍の中からこの本を選んでくださり、本当にどうもありがとうございます！
旅やノートを愛する方々と、ほんの少しでもこの本に記した想いを共有できていたらとても嬉しく思います。

写真データではなく、何かもっと自分が旅したという実感を得られる物を残しておきたい…という単純な想いから始まったわたしのトラベルノートは、今では日本中、世界中の街や人との温かなつながりをつくってくれる、とっても大切な存在になりました。
特にInstagramを通して「ノートでこんな風に旅を楽しめるんですね」「今度この街に行くのでガイドブック代わりにします」「わが街へようこそ、おすすめは○○ですよ」「自分の街のいいところを見直すきっかけになりました」など多くのメッセージをいただけることが、楽しくハッピーな気分でノートをつくる何よりの原動力になっています。

Relaxing Day
のんびり観光な日

TIME	
6:00	起き床 早起きをするが気が上がらず、しばらく部屋でゴロゴロしてすごす 気をとり直してØsterportとNørreportのIrmaに10時からスタート。郊外に品揃え凄いめが目、3つめのすばらし広場は寒さしのぐ
10:30	シティパス購入
11:00	ランチ@ Torvehalle ぐるっと一周できたらもうランチ
11:50	BLOX見学 入口わからずしばしまよう。ショップも商品の品ぞろえ充実的！すてきなおもちゃレーゴちゃんの絵本など
13:30	ビール@ レストランNyHavn37 どのお店もビールには1本400ぐらい。似たようなお店が多くどこが良いのか迷う
15:00	Skuespilhuset でひとやすみ ロビーのソファが座りやすく◎
16:30	お土産 @Illums
17:00	ホットドッグ でおやつ @John's Hotdog Deli 早めに着て、行列づくりの前に食った！
19:00	買出し@ Irma, Fakta Irma店でワイン、Faktaでビール買う。本日の夕もはじ

酒友の反対側にある元工場跡地にあり少し不安になりながら中は盛況。

John's Hotdog Deli

2019.3.17
DAY 4

水上バスにも乗った！

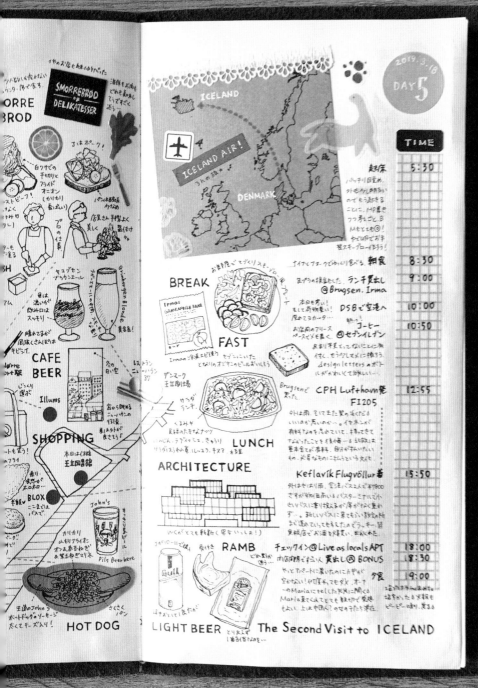

そして、そのつながりが1つの形として実を結んだのがこの本です。まるで本物のノートを見ているような、眺めているだけでワクワクする写真を撮ってくださったカメラマンの市瀬さん。ノートに込めた想いを丁寧に汲み取り、思わず手に取りたくなるおしゃれで存在感抜群の1冊に仕上げてくださったデザイナーの細山田さん、鎌内さん。そしてわたしのノートを見つけ、様々なアイデアを組み合わせながら、大きな意味と唯一無二の存在価値を与えてくださった編集者の森さん、滝本さんに感謝いたします。

それから、これまでずっと傍で支えてくれた夫のJさん、応援してくれた家族のみんなや友人たち、たくさんのフォロワーさん、本当に、本当にありがとうございます。

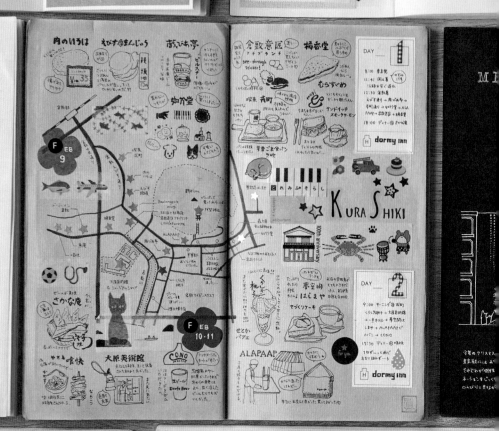

QRコード

トラベルノートづくりに役立つ
テンプレートはこちらから
ダウンロードしてお使いください。

下記の手順でQRコードを読み取ってください。

① QRコードを読み取る機能のあるアプリを立ち上げます。
② 本書のQRコード部分にかざします。
③ 接続の確認画面が表示されるので、接続を許可します。
④ 画像がダウンロードできるサイトが表示されるので、
　 そちらから画像をダウンロードしてください。
⑤ ご自宅のプリンターや、コンビニエンスストアでの
　 印刷などで出力してお使いください。

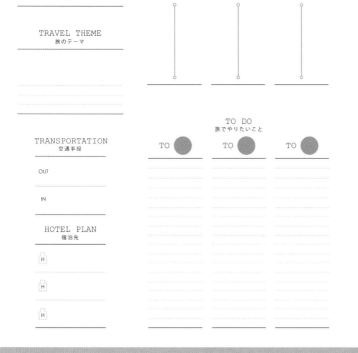

mini_minor's
TRAVEL PLANNING SHEET
旅の計画をしよう♪

DESTINATION
行き先

SCHEDULE
旅程

TRAVEL THEME
旅のテーマ

TRANSPORTATION
交通手段

OUT

IN

TO DO
旅でやりたいこと

TO

TO

TO

HOTEL PLAN
宿泊先

H

H

H

Planning Sheet

使用例は
p22、23をCheck!

Point

たった1〜2日のことなので、出来事はシンプルなラインの上にかんたんな目盛を書いて記すだけ。

Point

イラストもモノクロで、できる限り簡略化してしまいましょう。

Point

タイトルはゴールドの文字シールを貼って、ちょっとリッチに。

イラストなし！ かんたん旅まえノート

出発前の準備ページも、小さめのノートを使って、箇条書きでまとめてみれば、
サクッと完成。このページは出発当日の朝、
新幹線に乗り込むまでの30分ちょっとで作った物です。

APR 29 - MONDAY

- ぷらっとこだま
  7:56 ~ 11:53
  東京　新大阪
  11号車 10A
- お見鳥 (JGM)

TICKET
· 1997 ·

- ★ 新幹線で朝ごはん
  手づくりパン + ピーナッツC
  あったかコーヒー
- ★ こだまドリンクチケート
  ビール???
- ★ 読書、手帳、ノートタイム
- ★ 了の家族とだんらん

APR 30 - TUESDAY

- 茶屋町
  STANDARD
  BOOK STORE
  MARUZEN &
  ジュンク堂書店梅田店
- 中山寺町
  ムロラボ
  珈琲店 書味 アラビク
  Guignol

- ★ オシャレ雑貨、文具探し
- ★ 良き本探し
- ★ カフェ + ノートタイム
- ★ ブックカフェ
- ★ おいしい粉もん

MAY1 - WEDNESDAY

- 司馬遼太郎記念館
  10:00 ~ 17:00
  ¥500
- 中之島
  graf
  レトロ建築めぐり

- ★ 偉人のライフスタイル
  ＆ノート
- ★ ミュージアムグッズ
- ★ 建築見学
- ★ オシャレカフェ or バー
- ★ おいしい粉もん

MAY2 - THURSDAY

- 谷崎潤一郎記念館
  10:00 ~ 17:00
  ¥300
- ヨドコウ迎賓館
  10:00 ~ 16:00
  ¥500
- 手塚治虫記念館
  9:30 ~ 17:00
  ¥700

- ★ 偉人のライフスタイル
  ＆ノート
- ★ 建築見学
- ★ ミュージアムグッズ
- ★ おいしいランチ

フィンランド旅あとノート

旅あとノートだって、イラストなしで作成可
能。自分の行動の様子を簡単な図にして色鉛
筆で着色すれば、ページのちょっとしたあし
らいになってくれます。